기독교문서선교회 (Christian Literature Center: 약칭 CLC)는 1941년 영국 콜체스터에서 켄 아담스에 의해 시작되었으며 국제 본부는 미국 필라델피아에 있습니다. 국제 CLC는 59개 나라에서 180개의 본부를 두고, 약 650여 명의 선교사들이 이동도서차량 40대를 이용하여 문서 보급에 힘쓰고 있으며 이메일 주문을 통해 130여 국으로 책을 공급하고 있습니다. 한국 CLC는 청교도적 복음주의 신학과 신앙서적을 출판하는 문서선교기관으로서, 한 영혼이라도 구원되길 소망하면서 주님이 오시는 그날까지 최선을 다할 것입니다.

추천사 1

김순환 박사 | 서울신학대학교 예배학 교수

지난 세기 말 서구에서 신, 구교를 막론하고 일어난 예전갱신운동은 예배 혹은 의례 안에서 상징성과 이성인지(理性認知) 양자 모두가 중요하다는 취지를 그 속에 담고 있었다. 그래서인지 일부 개신교회들은 개정된 예배서 안에 그동안 상대적으로 미흡했다고 여기던 예전성을 부각하고자 노력하기도 했다. 그러나 이런 반응 속에서는 종래의 개신교 예배들은 의례와 상징성이 미흡하거나 부실했다는 지나친 평가가 있기도 했다. 이는 마치 의례를 선험적으로 고정되어 불변적으로 전수되는 하향적 권위의 산물로, 다소 협소하게 이해한 결과가 아닐까 한다.

이 책에서 네이선 D. 미첼(Nathan D. Mitchell)은 기독교 의례가 동시대의 변인(變因)들, 즉 사회과학들과의 끊임없는 대화를 통해 그 지평이 넓혀질 수 있음을 보여 주며, 의례의 상징성과 그 함의의 틀이나 방식은 오히려 사회-문화적 과정 속에서 형성됨을, 그래서 각 역사적 배경 속에서 독창성, 창의성, 다양성이 가능함을 시사한다고 본다. 이는 섣불리 개신교 예배를 구교와 비교하여 평가절하 하기보다는 오히려 개방적이고 적응적인 변화에 민감한 개신교 예배의 의례적 특징들을 재발견하게 하고 심화, 발전시킬 필요가 있음을 간접적으로 도전하는 듯하다.

모쪼록 예배와 의례에 관심을 가진 신학도와 목회자, 그리고 독자들 모두에게 이 책이 개신교 예배의 가치를 확인시키고 그 방향을 올곧게 재설정케 하는 좋은 안내서로 손색이 없다고 믿어 적극 추천하는 바이다. 이 귀한 책의 번역을 위해 각고의 수고를 아끼지 않으신 안선희 박사님께 깊은 감사와 경의를 표한다.

추천사 2

김상구 박사 | 백석대학교 실천신학 교수

오늘날 기독교 예배에는 '예배갱신'이라는 과업 앞에 여전히 주저함과 결정장애를 앓은 것 같은 망설임이 있다. 아마도 그 이유는, 포스트모던 사회에서 예배는 세상과 교회와 이웃의 예전(liturgy)으로 만나야 하는데, 이러한 예전을 담론화하면서 하나님을 만나는 시도를 하는 일이 버겁기 때문일 것이다.

그리스도인들은 어떤 의례(ritual)로 하나님을 예배할 것인가?

아니 오늘의 그리스도인들은 의례의 의미가 왜 필요한지, 의례가 어떻게 발전되어 왔고, 앞으로 어떤 지평으로 나아가야 하는지에 대해 궁금해 하기는 하는 것일까?

의례는 리듬감이 있는 반복적인 행동으로 인간 사회의 의미와 가치를 그 구성원들과 공유하게 한다. 그런 의미에서 의례는 개인적 차원을 넘어, 사회적 차원 혹은 공동체성의 강화를 제공한다. 의례의 약화나 상실은 사회의 건강성이나 문화인류학적 이해에 따른, 관계 설정에 많은 어려움을 줄 수 있다.

이 책에서, 네이선 D. 미첼(Nathan D. Mitchell)은 예배 연구가 사회문화적 관련 속에서 수행되어야 함을 역설하면서, 사회과학적 접근을 시도하는 의례 이론을 펼치고 있다. 그는 오늘의 예배가 반(反)의례적주의적 사회에서 의례주의 회복으로 나아가야 할 것을 강조한다. 오늘날 예배 갱신의 초점이 '예전성의 강화'라는 측면이고, 그동안 기독교교회가 잃어버렸던 혹은 간과해 왔던 점이 '의례' 부분임을 인식하며 이를 복원하고자 하는 열망의 측면에서 본다면, 의례의 강조는 예배학도들에게 반가운 일이다.

이 책에서 미첼은 의례의 완전성을 주장하지 않는다. 의례는 혼돈에 대한 해독제가 아니고 오히려 때론 혼동을 일으킬 수도 있다고 본다. 그 이유는 예배예전에서 의례가 단선적이 아니라, 다성적(Polyphonic) 규범을 창출하기 때문이다. 또한 저자는 종교와 의례야말로 인간 문화의 산물이니 예배학자와 언어학자와 인류학자들 간에 지속적으로 대화가 있어야 한다고 권면한다.

이 책은 우리가 예배에서 무엇을 잃어버리고 무관심했는지를 바르게 알게 해 주고, 우리를 각성시킨다. 그동안 우리가 무지했던 '의례' 찾기의 중요성과 새로운 방향을 제시해 주고 있다. 특히 예배예전이 인류학과 사회과학적 이론들과 상호 작용해야 함을 역설하고 있는데, 이는 한국 교회 예배학계의 취약한 부분을 보완할 수 있는 정보를 준다. 이 귀한 역작을 한국 교회와 신학계에 소개하면서 번역에 수고해 주신 안선희 박사님에게 진심으로 감사한 마음을 전하며, 목회자나 신학생들이 일독하기를 추천한다.

추천사 3

최승근 박사 | 웨스트민스터신학대학원대학교 예배학 교수

네이선 D. 미첼(Nathan D. Mitchell)의 『예배, 사회과학을 만나다: 예배 연구의 새 지평』 (*Liturgy and the social sciences*)은 1999년에 출판된 책이다. 나도 이 책을 한 수업에서 필독도서로 읽었었는데, 100페이지가 채 되지도 않는 얇은 책이었지만 쉽게 읽혀지지는 않았던 것으로 기억한다. 그러나 나에게 큰 통찰력을 제공한 책이었다. 개인적으로 예배학을 공부하면서 얻은 가장 큰 수확은 예배를 의례의 관점으로 보게 되었다는 것인데, 이 책은 그러한 관점을 갖도록 하는 데 도움을 주었던 책 중의 하나였다.

이 책에서 미첼은 저명한 학자들의 의례에 관한 다양한 이론을 제시하면서 예배를 의례의 개념으로 보도록 한다. 예배를 의례라고 하면 불편해 하는 사람들이 아직도 많지만 예배는 의례이다. 의례인 예배는, 우리의 목 위만이 아니라 목 아래까지도, 즉 전인적으로 특정하게 표현하고 형성하며 변화시키는 힘을 갖고 있다. 일요일만이 아니라 매일의 삶을 특정하게 표현하고 형성하고 변화시키는 힘을 갖고 있다.

예배가 의례라는 사실을 간과하거나 무시하면, 예배가 우리를 어떤 사람들로 표현하고 형성하고 변화시켜 가고 있는지에 대한 실제적이고 구체적인 질문들을 제대로 할 수 없게 된다. 이 책은 '예배가 우리를 어떤 사람들로 표현하고 형성하고 변화시키고 있는가'라는 관점에서 예배에 대한 실제적이고 구체적인 질문을 할 수 있도록 돕는 책이다. 아무쪼록 이 책을 통해 한국 교회의 예배에 대한 연구가 좀 더 깊어지고 넓어지기를 바란다.

미첼의 『예배, 신비를 말하다』(*Meeting Mystery*, 바이북스 역간)에 이어 이번에 이 책도 훌륭하게 번역해 주신 안선희 박사님께 감사드린다. 그리고 예배와 관련된 귀한 책들을 계속해서 번역, 출판해 주시는 기독교문서선교회(CLC)에게도 감사의 마음을 표한다.

추천사 4

문화랑 박사 | 고려신학대학원 예배학 교수

최근 북미의 저명한 예배학자들의 중요한 저작들이 한국에 소개되고 있다. 예배학을 연구하는 학자로서 참 기쁘게 생각한다. 예배학을 공부하려면 예배의 역사, 성례 신학, 예배 신학, 의례학(ritual studies) 등을 공부해야 한다. 그중 한국에 가장 알려지지 않은 분야가 바로 의례학일 것이다.

일반적으로 개신교회는 "의례"에 대한 막연한 반발감을 가지고 있다. 과도한 의례와 의식들은 우리의 영적 예배를 방해하는 인간적인 요소가 아닌가 하는 생각들이 그 기저에 자리 잡고 있다. 그러나 개신교 예배에도 의례가 존재한다. 예배 속에서 우리는 다양한 의례들을 실천하고 있다. 구약 성경에 나타난 선지자들이 비판한 것은 의례 자체가 아니라 하나님을 향한 마음이 떠난 예배였다.

저명한 예배학자인 네이션 D. 미첼(Nathan D. Mitchell)의 책 『예배, 사회과학을 만나다: 예배 연구의 새 지평』(Liturgy and the social sciences)은 기독교 예배와 의례가 어떤 관계가 있으며 의례는 우리의 신앙 형성에 있어서 어떤 역할을 하는가에 대한 귀한 통찰을 제공하고 있다. 지난 세기의 문화인류학과 의례학의 중요한 학자들인 메리 더글라스, 빅터 터너, 클리퍼드 기어츠, 로널드 그라임스, 캐서린 벨 등의 작품들을 섭렵하며 의례의 중요성에 대해 적실한 논증을 하고 있다.

미첼은 예전학 분과의 최고 학교로 손꼽히는 노트르담대학교에서 프랑크 센 등과 함께 공부했으며, 오랫동안 그곳에서 가르치면서 예배학 분과에 큰 공헌을 세웠다. 1988년 북미 예전학회(NAAL)는 최고의 예배학자에게 수여하는 베라카 상(Berakah Award)을 저자에게 수여했다. 보다 깊이 예배학을 연구하고 싶은 모든 분들에게 이 책을 강력히 추천한다.

예배, 사회과학을 만나다
예배 연구의 새 지평

LITURGY AND THE SOCIAL SCIENCES
Written by Nathan D. Mitchell
Translated by Ahn, Sunhee

Copyright ⓒ 1999 by The Order of St. Benedict, Inc., Collegeville, Minnesota
LITURGY AND THE SOCIAL SCIENCES was originally published in English
by Liturgical Press, Saint John's Abbey, Collegeville, Minnesota 56321, U. S. A.,
and is published in this edition by license of Liturgical Press
All rights reserved.
Korean Edition Copyright ⓒ 2018 by Christian Literature Center, Seoul, Korea

예배 연구의 새 지평

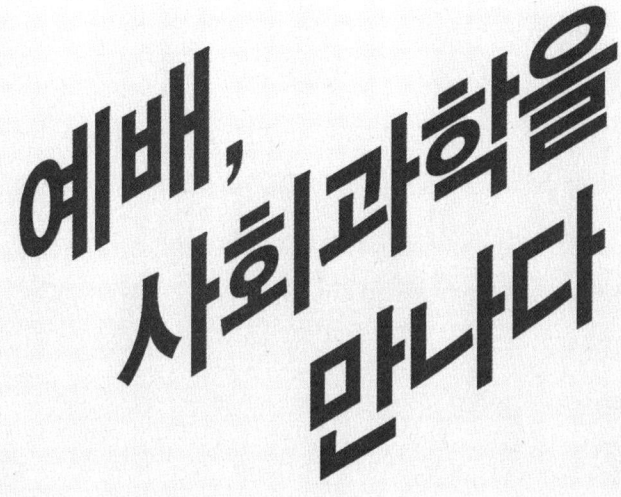

네이선 D. 미첼 지음
안선희 옮김

CLC

예배, 사회과학을 만나다: 예배 연구의 새 지평
LITURGY AND THE SOCIAL SCIENCES

2018년 9월 14일 초판 발행

지 은 이 | 네이선 D. 미첼
옮 긴 이 | 안선희

편   집 | 변길용, 곽진수
디 자 인 | 서민정, 박인미
펴 낸 곳 | (사)기독교문서선교회
등   록 | 제16-25호(1980.1.18)
주   소 | 서울특별시 서초구 방배로 68
전   화 | 02-586-8761~3(본사) 031-942-8761(영업부)
팩   스 | 02-523-0131(본사) 031-942-8763(영업부)
이 메 일 | clckor@gmail.com
홈페이지 | www.clcbook.com

ISBN 978-89-341-1865-7 (93230)

이 도서의 국립중앙도서관 출판시 도서목록(CIP)은
서지정보유통지원시스템 홈페이지(http://seoji.nl.go.kr)와 국가자료공동목록시스템
(http://www.nl.go.kr/kolisnet)에서 이용하실 수 있습니다. (CIP제어번호: CIP2018026949)

이 책의 저작권은 Liturgical Press와 독점 계약한 (사)기독교문서선교회가 소유합니다.
신저작권법에 의하여 한국 내에서 보호받는 저작물이므로 무단 전재와 무단 복제를 금합니다.

LITURGY

AND

THE SOCIAL SCIENCES

차례

추천사 1 _김순환 박사(서울신학대학교 예배학 교수)
추천사 2 _김상구 박사(백석대학교 실천신학 교수)
추천사 3 _최승근 박사(웨스트민스터신학대학원대학교 예배학 교수)
추천사 4 _문화랑 박사(고려신학대학원 예배학 교수)

역자 서문 :: 12

제1장 _예배와 의례 연구의 뿌리 :: 16

    1. 의례를 어떻게 볼 것인가? :: 16
    2. 초기의 연구들 :: 22
    3. 반의례주의 vs 의례주의 :: 39
    4. 지배적 견해의 출현 :: 57
    5. 요약 :: 71

제2장 _ 고전적 견해에 대한 비평 :: 77

    1. 의례의 황무지? :: 77
    2. 새로운 의례의 출현 :: 84
    3. 빅터 터너 다시 평가하기 :: 109
    4. 요약 :: 134

제3장 _ 의례와 예배 연구의 새 방향 :: 138

    1. 의례 그리고 자기의 테크놀로지 :: 140
    2. 의례와 비판인류학 :: 173

역자 서문

안 선 희 박사
이화여자대학교 기독교학과 교수

지난 세기 초부터 수행된 인류학의 의례 연구는 예배학에 큰 영향을 끼쳤다. 이 영향은 제2차 바티칸 공의회의 예전 갱신을 가능케 했다. 특히 프랑스의 루터교회 목사였으나 후에 가톨릭으로 개종한 루이 브와이에(L. Bouyer)가 수행했던 인간과 의례에 대한 심도 있는 연구, 독일신학자 로마노 과르디니(R. Guardini)의 연구, 유럽의 베네딕도 수도회의 연구는 예전 갱신의 전초를 마련했다고 볼 수 있다. 이 책은 바로 이런 역사적 선례에 주목하며, 예배 연구에 있어서 인류학을 포함한 사회과학의 연구와 그 결과물이 얼마나 긴요한지를 밝히고 있다.

이 책은 심리학자 칼 융(C. Jung)으로 시작하여 에릭 에릭슨(E. Erickson), 인류학자 메리 더글라스(M. Douglas), 빅터 터너(V. Turner), 클리퍼드 기어츠(C. Geertz), 로널드 그라임스(R. Grimes),

캐서린 벨(C. Bell), 탈랄 아사드(T. Asad), 그리고 철학자 미셸 푸코(M. Foucault)에 이르기까지 다양한 분야 여러 사회과학자들의 이론들을 소개한다. 그리고 이러한 이론들에 기대어 그리스도교 예배를 새로운 관점에서 연구한 에이든 카바나(A. Kavanagh), 마크 설(M. Searle)도 소개하고 있다. 이로써 이 책은 기존의 예배학과는 차별화된 관점으로 예배 연구를 시도하고 있다. 이 점에서 이 책은 예배 연구의 새로운 지평을 열고 있다고 볼 수 있다.

이 책의 저자인 네이선 D. 미첼(Nathan D. Mitchell)은 먼저 의례란 인간 사회의 의미와 가치를 그 구성원들로 하여금 공유하게 하고, 나아가 그 의미와 가치들을 검토하고 갱신케 하면서, 그 사회의 결속력을 유지하는 데 기여한다는 고전적인 의례 이론을 소개한다. 이어서 의례를 상실한 현대 사회와, 예전을 상실한 그리스도교의 문제에 대해, 여러 학자들의 연구에 기대어 의례의 상실이 사회의 해체를 가져올 수 있다고 경고한다. 그리고 상징 행위의 중요성과 의례의 중요성에 대해서 언급하면서 반(反)의례주의적 사회에서 의례주의의 회복을 강변한다.

한편, 저자는 의례가 전통적이고 집단적인 경우에만, 또는 중심적이고 힘이 있는 경우에만 의례인 것은 아니라는 점을 밝힌다. 즉 의례는 주변부적이고, 철저하게 문화적이며, 역사적인 개방성을 지닌 채 형성되는 것이라는 주장이다. 그리고 마침내 예배는 그리스도교 의례로서, 우리가 어떤 사람이었는지를 드러내 주는 방식으로, 또한 우리가 어떤 사람이 되어 가고 있는지를 드러내 주는 방식으로, 나아가 우리의 일상적인 행위를 변화시키는 방식으로 그리스도인의 삶에 복무한다고 강조한다.

저자가 숱한 사회과학자들과의 이론적으로 씨름한 끝에 내린 결론은, 그리스도인의 생명력 있는 예배는 피부에 새겨지고 피 속에 스며들며 뼈 속에 조각되는 방식으로, 달리 말하면 몸에 배는 방식으로 드려질 수 있어야 한다는 것이다. 그래서 일상의 삶과 예배는 분리될 수 없다는 것이다.

저자는 저명한 저널 「예배」(*Worship*)에서, 미국의 목회자들과 학자들을 상대로 예배 집례의 고민을 상담해 주는 "아멘" 코너를 오랫동안 운영해 온 학자이다. 그런 경험들이 이 책에 고스란히 녹아있는데, 그의 학문적 해박함과 복음 사수에 대한 은근한 열정 앞에 역자는 옷깃을 여밀 수밖에 없었다.

이 책은 조금 낯설고, 게다가 쉽지 않은 책이지만, 예배에 대한 한층 고양된 지식과 관점을 제시하는 학술서임에는 틀림이 없다. 그래서 역자는 한국 교회의 오늘과 내일을, 예배라는 스펙트럼을 통해 고민하는 목회자와 예배학도의 필독서로 이 책을 감히 권하고 싶다. 역자가 이 책으로부터 많이 배웠듯이, 독자도 그 배움이 넓고 깊어질 것이다.

"해 아래 새 것이 없다"라는 전도서의 말씀처럼, 신학과 인문학에서 전혀 새로운 것은 없지 싶다.

그러나 익숙한 것을 다른 관점에서, 다른 차원에서 접근하여 관찰하고, 조금 새롭게 해석하는 것, 그래서 무뎌진 인식을 깨우는 것이 학문의 여정이 아닐까?

이 책에서 'ritual,' 'cult,' 'liturgy,' 'rite'는 각각 우리말 '의례,'

'제의,' '예전,' '의식'으로 번역했다. 'ceremony'의 경우, 문맥에 따라서 '예식' 또는 '의식'이라고 번역했고, 때로는 '세레모니'라고 그대로 쓰기도 했다. 저자가 언급한 학자들의 책이 우리말로 번역된 경우, 원저의 제목을 병기하고, 번역서의 우리말 제목을 적었다. 책에서 고딕체 강조는 원저자의 강조임을 밝혀 둔다.

이 책의 출판을 감행해 주신 CLC(기독교문서선교회)의 박영호 목사님과 직원분들께 깊이 감사드린다.

2018년 8월

제1장

예배와 의례 연구의 뿌리

1. 의례를 어떻게 볼 것인가?

논란의 여지가 있기는 해도 20세기 초반 미국에서 가장 중요한 시인이었던, 또 하트포드 보험회사의 임원이었던 월리스 스티븐스(Wallace Stevens, 1879-1955)는 『손풍금』(*Harmonium*)이라는 제목의 그의 첫 시집을 통해, 이제는 유명해진 시(詩) "찌르레기 새를 바라보는 열세 가지 방식"(Thirteen Ways of Looking at a Blackbird)을 발표했다.

비평가들은 이 초기 시를 이미지들의 상징주의적 "콜라주"라고 불러 왔다. 스티븐스 자신은 이를 사고나 생각들의 추이라기보다는 임의적인 "감각들의 집합"이라고 주장했다. 이 시의 의미는(만일 의미가 있다고 말할 수 있다면) 인식적이거나 논리적이지 않고, 표현적이며 감각적이다. 흥미롭게도 이 시가 갖는 상상력의 근원은 현대적인 것인 동시에 고대적인 것이다.

스티븐슨은 고대적인 것으로는 중국 산수화의 오랜 전통과 일본 시(詩), 특히 하이쿠로부터 영감을 받았고, 현대적인 것으로는 파블로 피카소와 같은 후기 인상주의 화가들이 창조한 이미지들로부터 영감을 받았다.

피카소는 큐비즘에 몰두하던 시기에 관람자들이 춤을 추듯 작품 주위를 돌면서 하나의 작품 속에서 다양한 관점, 지각, 감각들을 찾아보도록 초청했다. 피카소의 프로필에 나타나는 놀랍도록 커다란 눈을 상기해 보라. 큐비즘 화가들은 자신들의 작품을 "한 무더기의 파괴들"(a horde of destructions)이라고 묘사하기를 좋아했다. 왜냐하면, 그들의 작품은 익숙한 대상들을 낯설게, 다채로운 편린(片鱗)들로 폭발시키는 것처럼 보였기 때문이다. 비평가 마이클 베나모(Michael Benamou)는 다음과 같이 썼다.

> 그 효과란 복잡성(complexity)의 효과였다. 그들은 관계가 있는 여러 면을 동시에 늘어놓듯 그렸다.[1]

스티븐스와 그의 찌르레기들도 마찬가지였다. 시(詩)의 풍경이 암시하는 것은 인간의 전 감각 기관들로 짜인 화려한 태피스트리(tapestry)[2]와 같다. 이미지들은 춤을 추고, 지각과 관점들이 폭발

---

1 Michael Benamou, *Wallace Stevens and the Symbolist Imagination* (Princeton: Princeton University Press, 1972), 9.
2 색색의 실로 수놓은 벽걸이나 실내장식용 비단. -역주

한다. 스티븐스는 이렇게 썼다.

> 나는 고상한 악센트를 알고 있다,
> 또한 명백하고 피할 수 없는 리듬도 안다.
> 그러나 나는 또 안다.
> 찌르레기 또한 들어있음을
> 내가 아는 것 속에.[3]

모든 예술가가 그러하듯, 그리고 어쩌면 모든 찌르레기가 그러하듯, 스티븐스는 예술 작품을 창조한다는 것이 "황혼에 대고 절규하는" 것이라는 점을 알고 있었다. "분노, 곧 빛이 사라져 가는 것에 대한 분노"라고 딜런 토마스(Dylan Thomas)가 말했듯이 예술 작품의 창조란 사멸(extinction)에 대한 항거이다. 스티븐스가 시(詩)를 인간의 본질적인 활동이라고 생각한 것도 당연한 일이다. 그는 다음과 같이 썼다.

> 시인의 기능은 사람들로 하여금 자신들의 삶을 살도록 돕는 것이다.[4]

---

[3] Wallace Stevens, *Collected Poems* (New York: Knopf, 1978), 94.
[4] Wallace Stevens, *The Necessary Angel: Essays on Reality and the Imagination* (New York: Knopf, 1951), 29를 보라.

이러한 기능은 "최상의 허구"를 창조함으로써, 다시 말해 "너무나 많은 왈츠가 끝나버렸을"⁵ 때에 남겨지는 공허함 혹은 빈자리를 채워줄 수 있는 새롭고도 힘 있는 신화를 창조함으로써 완수되는 것이라고 스티븐스는 생각했다. 한마디로 그는 예술이란 죽음의 침입에 대항하는 열정적인 외침이며, 따라서 죽음은 "아름다움(美)의 어머니"⁶라고 이해했다.

"찌르레기 새를 바라보는 열세 가지 방식"이라는 시에 나타나는 스티븐스의 시적 논리와 마찬가지로, 그리스도인들의 공적(public) 기도와 성례전의 의례적 논리(ritual logic)도 인식적이거나 지성적이기보다, 원초적으로 표현적이고 감각적이며, 이미지적이고 경험적이다. 예술과 마찬가지로 의례 역시 사멸에 대한 항거, 소멸에 대항하는 외침, 빛이 사라져 가는 것에 대한, 그리고 왈츠가 끝나 버린 것에 대한 도전으로 상상해 볼 수 있다.

물론 의례를 바라보는 관점에는 열세 가지보다 더 많은 방식이 있을 수 있다. 이는 의례를 인류학적 관점에서 인간 행동의 일종이라고 바라보든, 혹은 신학적 관점에서 그리스도인의 행위의 일종이라고 바라보든 마찬가지이다.

이번 장에서는 제2차 바티칸 공의회 이후에, 인류학적 통계 자료나 범주들을 가지고 그리스도교 의례를 해석해 온 많은 예배학

---

5 Wallace Stevens, "Sad Strains of a Gay Waltz," in *Collected Poems*, 121. 또한 James S. Leonard and Christine E. Wharton, "Art as a Cry Against Extinction in the Poetry of Wallace Stevens," *The Wallace Stevens Journal* 5:3-4 (1981, 가을), 37을 보라.

6 Wallace Stevens, "Sunday Morning," *Collected Poems*, 68.

자가 의견의 일치를 본 내용에 관하여 다루어 보고자 한다. 그 이후의 장들에서는 이렇게 합의된 내용이 인류학 분야 자체의 발전에 따라, 그리고 최근 의례 연구 분야에서 등장한 새로운 접근방법론에 따라 어떻게 도전받고 있는지에 대해서도 다루어 보려고 한다.

리처드 게일라데츠(Richard Gailardetz)는 우리가 "초월 없는 공동체" 혹은 "공동체 없는 초월"[7]을 원하는 시대에 살고 있다고 말한다. "공동체"를 추구하는 사람들은 따뜻하고 격의 없으며, 호의적이고 느긋하며, 소비자 친화적인 예배를 원하는 것처럼 보인다. 요컨대 트렌트 공의회의 결정에 따라 개정된 비오 5세의 전례서(Missal of Pius V, 1570)를 따랐던 수세기 동안, 이들은 로마 가톨릭 교회의 예배를 특징지었던 형식주의를 예배에서 배제하길 원하는 것으로 보인다.

반면 "초월"을 추구하는 사람들은 예절과 존엄과 경의와 신비와 경외심과 다름을 드러내는 예배, 즉 풍요와 친밀함과 개인주의와 인정받는 집단의 멤버십 등을 중요시하는, 위로 중심의 미국 문화에 도전하는 예배를 원하는 것으로 보인다.

공동체주의자들은 예배가 예배에 참여하는 사람들을 반영해야 한다고 주장한다. 초월주의자들은 예배가 문화에 적응하기보다 문화가 예배에 적응해야 한다는 생각을 선호하는 것 같다. 이러한 두 입장의 갈등은 우리가 그리스도교 예배를 "하나님과의

---

[7] Richard Gaillardetz, "North American Culture and the Liturgical Life of the Church: The Separation of the Quests for Transcendence and Community," *Worship* 68:5 (1994), 403-16.

연합"과 "인간들 사이의 연합"이 일치되는 것을 축하하는 사건으로 이해할 때에만 해소될 수 있다고 게일라데츠는 제안한다.

> 이러한 예배학적 의견의 불일치는 그리스도교 신앙과 예배에 대한 삼위일체적이며 성찬적 근거로 되돌아갈 때만 치유될 수 있다. 예배 생활의 형식적이며 사회적인 차원들은, 그것들이 적절하게 거행될 때, 우리에게 다음과 같은 사실을 상기시켜 준다. 즉 하나님 및 인간들과의 유대감은 인간 인격적 존재 구조 안에 이미 내포되어 있기에, 우리가 스스로를 다른 사람들과 교감하는 삶을 살아가는 존재라는 사실을 인식할 때, 동시에 우리는 하나님과 교감하는 삶을 살아가는 것이다. 예전의 거행은 우리 삶의 매 순간을 의례적으로 표현하는 특권이며, 모든 진정한 인간적 교류의 행위는 따라서 하나님과의 교류이다.[8]

게일라데츠의 이런 제안은 이 글의 독자 대부분에게 상당히 그럴듯하게 들릴 것이다. 이는 종종 소위 인류학자들의 연구들로부터 파생된 친숙한 전제에 기초한 것이다. 그 전제란, 의례가 의례에 참여하는 개인과 공동체에 기본적인 심리적 혜택과 사회적 혜택 모두를, 혹은 둘 중의 하나를 부여한다는 것이다.[9] 의례는 한

---

8 Ibid., 416.
9 이 가정에 대한 간략한 비평은, John Stoddard, " 'Performative Utterances' in African Rituals," *History of Religions* 13:1 (1973), 34-35를 보라.

공동체가 자기 정체성을 찾아가게 해 주고 또한 사회적 응집을 보장해 주는 필수적인 수단이다. 또한 의례는 사람들이 가장 소중하게 여기는 의미와 가치들을 밝혀 주고 구현해 주며 실현해 준다.

의례에 관한 이런 관점은 어떻게 발전되어 왔는가?

또한 이 관점은 왜 그리도 널리 인정받게 되었는가?

이러한 질문들에 답변을 제시하는 것이 이번 장의 주요 과제가 될 것이다.

2. 초기의 연구들

1964년 4월 독일 마인츠(Mainz)에서 개최된 제3차 독일 예배학회(the Third German Liturgical Congress)의 주관자에게 보낸 그 유명한 공개서한에서, 로마노 과르디니(Romano Guardini)는 공의회 이후 로마 가톨릭 예전에서 필연적으로 개혁을 수반할 수밖에 없는 "수많은 의례의 문제와 전례서 텍스트의 문제들"에 대하여 언급한 바 있다.[10] 과르디니는 다음과 같이 썼다.

> 문제는 이제 예배를 향해 열린 멋진 기회들을 우리가 충분히 활용할 수 있을 것인가 하는 점이다. 다시 말해 우리가 단지

---

10 Romano Guardini, "A Letter," *Herder Correspondence*, Special Issue (1964), 24-26.

불합리한 것들을 제거하고 새로운 상황들을 고려하며 의식(ceremony)의 의미와 예전의 형식에 관하여 더 나은 지침을 주는 정도로 만족할 것인가, 아니면 이제는 잊힌 수행 방식을 다시 배우고 잃어버린 태도를 되찾을 것인가 하는 점이다.[11]

과르디니가 이 편지의 나머지 부분에서 분명하게 밝히고 있는 것처럼, "잊힌 수행 방식"이란 바로 공동의 의례적 활동이다. 그리스도교 예배에의 의식적(conscious)이고, 능동적(active)이며, 완전한(full) 참여란 명상적인 것이나 공동의 것이고, 개인적인 것이나 공적인 것이며, 내적인 것이나 육화된 것이라고 과르디니는 느꼈다.

제너비브 글렌(Genevieve Glen)이 지적했듯이 과르디니가 "예전적 행동"이라고 부른 것이 실상은 그 자체로 모순인 관상적 행위와 공동체적 수행을 동시에 포용하는 다층적 패러독스이다.[12] 그리스도교 예배는 한 개인의 관상적 행위가 아니라 공동체, 곧 예수를 믿고 예수의 명령에 순종하여 기도하려고 모인 공동체 전체의 관상적 행위이다. 문제는 사람들이 이러한 "수행"(doing) 방식을 다시 배울 수 있는가 하는 점이다. 이 점에 대하여 과르디니는 이렇게 말하고 있다.

---

11 Ibid., 24.
12 Jennifer Glen, "Twenty Years Later: A Reflection on the Liturgical Act," *Assembly* 12:4 (1986), 325-28.

그리스도인의 걸음걸이, 걷는 행위가 어떻게 하면 종교적 행위가 될 수 있을까, 즉 어떻게 우리가 걷는 것이, 주님이 이 땅 위를 걸으실 때 그 옆에서 함께 걷는 수행단의 행위가 될 수 있을까, 그리하여 마침내 "현현"(epiphany)이 발생할 수 있을 것인가?[13]

우리는 이를 단지 행함으로써만, 즉 "과장하거나 요란을 떨지 않으면서" 그것을 바라보고 수행함으로써만, 의례적 행위를 "읽을 수" 있어야 한다.[14] 이것이 그리스도교 신자들이 제2차 바티칸 공의회의 전례 헌장을 실행하려고 할 때 직면하게 되는 도전이다.

"잊힌 수행 방식"을 다시 배우자는 과르디니의 열정적인 탄원은 특히 목회 예전 분야에서 일하는 사람들 사이에서 일종의 불가사의한 텍스트가 되었다. 마인츠 예배학회에 보낸 그의 공개서한은, 개혁의 방법으로서 예전적 행위 자체에 주목할 뿐만 아니라 의례적 행동의 인간적인 근원과 문화적 컨텍스트를 보다 깊이 탐색해 볼 것을 제안하고 있다는 점에서 도전적이었다. 요컨대, 과르디니는 그리스도교 신자들이 의례의 뿌리와 역할을 재평가해 보도록 도전했던 것이다.

그러나 이런 도전을 던진 이는 과르디니가 처음이 아니었고 유일한 사람도 아니었다. 루이 브와이에(Louis Bouyer, 1913-2004)도

---

[13] Guardini, "Letter," 25.
[14] Ibid.

그의 저서 『의식과 인간』(*Rite and Man*) 첫 장에서 다음과 같이 썼다.

> 인간을 다루는 현대 학문의 도움을 받아 우리는 그리스도교 이전의 인류학적 선례들에 관하여 연구해 보려고 한다. 이 연구로부터 그리스도교의 인간적 특성들이 명백하게 드러날 것인데, 이는 다른 방법으로는 드러나기 어려운 것이다. … 실제로 우리가 그리스도교의 인간적 측면들을 완벽하게 알면 알수록, 그 측면들 가운데 하나님의 개입 결과로 나타나는 부분들을 더 완벽하게 이해할 수 있게 된다. 이는 인간적인 것과 신적인 것이 그리스도교 안에서 서로 분리된 채로 나타난다고 말하려는 것이 아니다. 오히려 인간적인 것에 영향을 주는 변화 속에서 신적인 것이 스스로를 드러낸다고 말하려는 것이다.[15]

브와이에도 인정했듯이, 그리스도교 예전의 "인류학적 선례들"에 관한 그의 관심은, 부분적으로나마, 독일의 마리아라흐(Maria Laach) 수도원의 베네딕도회 수사들, 특히 돔 오도 카젤(Dom Odo Casel, 1886-1948)의 작업에 빚진 바가 크다.[16] 헤어스텔레(Herstelle)에 있는 거룩한 십자가 사원에서 카젤에게 사사한 바

---

15 Louis Bouyer, *Rite and Man*, trans. M. Joseph Costelloe (Notre Dame, Ind.: University of Notre Dame Press, 1963), 2. 브와이에(Bouyer)의 원 저작은 1962년에 출판된, *Le Rite et L'Homme: Sacralite naturelle et Liturgie*, Lex Orandi 32 (Paris: Cerf)이다.

16 카젤(Casel)의 연구는 그의 저서, *The Mystery of Christian Worship and Other Writings* (Westminster, Md.: The Newman Press, 1962)에 영어로 잘 요약되어 있다.

있는 제자 아밀리아나 뢰어(Aemiliana Löhr) 수녀의 작품도 언급하지 않을 수 없다.[17] 카젤과 뢰어는 그리스도교 예배에 있어서 "신비"의 의미를 이해하기 위해 고대문화들의 종교에 관한 학문적 연구들을 광범위하게 활용하였다.

브와이에의 『의식과 인간』은, 현존하는 문화들에 관한 연구, 곧 인류학자들, 사회학자들, 종교사학파(Religionsgeschictlicheschule)의 대표자들에 의해 수행된 연구를 포함시킴으로써, 이들의 연구에서 한 단계 더 나아간 것이다. 이 점에 대해서는 『의식과 인간』에서, 특히 그 책의 "종교 역사의 최근 동향"[18]이라는 장에서 볼 수 있다. 브와이에는 이 책에서, 미르체아 엘리아데(Mircea Eliade)의 연구와,[19] E. O. 제임스(E. O. James)와 W. F. 올브라이트(W. F. Albright) 같은 성서고고학자들의 연구들,[20] 요아힘 바흐(Joachim Wach)와 같은 학자들의 연구[21]를 활용하고 있다.

---

[17] 뢰어(Löhr)의 학문적 연구는 그 대부분이 영어로 번역되지 않은 상태이다. 교회력을 위해 지정된 복음서 본문에 관한 그녀의 주석 일부를, 그녀의 저서인 Aemiliana Löhr, *The Year of Our Lord: The Mystery of Christ in the Liturgical Year*, trans. a monk of St. Benedict (New York: P. J. Kenedy & Sons, 1937)에서 찾아볼 수 있을 정도이다.

[18] Bouyer, *Rite and Man*, 14-37.

[19] Mircea Eliade, *Patterns in Comparative Religion*, trans. Rosemary Sheed (New York: Sheed and Ward, 1958).

[20] 예를 들어, E. O. James, *Christian Myth and Ritual* (London: J. Murray, 1933)와, W. F. Albright, *From the Stone Age to Christianity: Monotheism and the Historical Process*, 2nd ed. (Baltimore: Johns Hopkins Press, 1946) 등의 고전적인 연구서들이 있다.

[21] Joachim Wach, *Comparative Study of Religions* (New York: Columbia University Press, 1958).

그러나 브와이에는 그리스도교 예전의 고고학적 혹은 인류학적 선례에 관한 연구에서만 멈추지 않았다. 그는 프로이트(Freud), 융(Jung), 아들러(Adler)와 같은 심리학자들의 연구에 관해서도 관심을 기울였다.[22] 이는 중요하고도 필요한 일이었는데, 20세기 초반 많은 심리학자가 반복적인 의례적 행위를 신경증적 증상으로 이해하려는 경향이 있었다는 점에서 그러했다. 브와이에는 언급하지 않았으나, 융의 유명한 논문 "미사와 개성화 과정"(The Mass and the Individuation Process)이 여기서 언급되어야 할 것이다.[23] 융은 다음과 같은 도발적인 말로 그의 글을 시작하고 있다.

> 심리학적 관점에서 볼 때 근원적 인간으로서의 그리스도는 … 평범한 인간을 훨씬 뛰어넘고 또한 포괄하는 하나의 총체성을 대표하며, 또한 의식(consciousness)을 초월하는 총체적 인성(人性)에 상응한다. … 조시무스(Zosimos) 비법의 보다 고대적 단계에서 호문쿨루스(homunculus)가 프뉴마(Pneuma)의 상태로까지 변형되고 고양될 수 있는 것과 마찬가지로, 성찬적 신비는 경험적 인간의 영혼, 즉 인간 자신의 일부일 뿐인 영혼을 그리스

---

22 Bouyer, *Rite and Man*, chapter 3: "Recent Developments in Psychology," 38-52를 보라.

23 C. G. Jung, "The Mass and the Individuation Process," *The Black Mountain Review* 5, 1995년 여름호, 90-147쪽에 실린 엘리자베스 웰시(Elizabeth Welsh)의 권위 있는 영역 원고를 보라. 융(Jung)의 논문은 1954년에 출판된 *Von den Würzeln des Bewusstseins* (Zurich, 1954)에 게재되었던 보다 광범위한 연구의 한 부분이었다.

도에 의해 표현되는 그 영혼의 총체성으로 변화시킨다. 그러므로 미사는 개성화 과정의 의례라고 규정할 수 있을 것이다.[24]

융에게 있어서 심리적 개성화의 과정은 단순히 더욱 분명하게 인간이 되는 문제만은 아니었다. 여기에는 또한 본질적으로 신(神)의 존재를 의식하게 하는 신비한 구성 요소가 포함되어 있다. 이것이, 수많은 문화 속에서, 인간이 성숙해 가는 결정적인 시기마다, "샤먼과 주술사 … 예언자와 사제 … 철학과 종교"의 역할이 필요한 이유이다.[25] 융은 다음과 같이 분석했다.

> 질병, 고문, 살해, 치유 등 샤만이 겪는 다양한 경험은 더 높은 단계에서는 희생의 정신, 총체성의 재확립, 실체 변화(transubstantiation), 인간의 영적 존재로의 승화, 한마디로 신(神)과의 합일(apotheosis)을 포함하게 된다. 미사는 수천 년의 세월을 거치는 동안 이루어진 발전의 총합이며 그 진수이다. 여기서 발전이란 의식(consciousness)이 깊어지고 확장됨에 따라, 이전에는 특정한 방향으로 "조율된" 개인의 고립되었던 경험을 점차 더 큰 집단의 공동 자산이 되도록 하는 것이다. 가장 원초적인 정신적 사건은 비밀인 채로 남아 있다가, "신비들" 혹은 "성례전들"과 상응하면서 인식적으로 혹은 인상적으로

---

24 Ibid., 90.
25 Ibid. 130.

드러난다. 이때 가르침, 훈련, 관상, 희생 행위들(sacrificial acts) 등의 도움을 받아 신비주의자는 신비의 세계 속에 깊이 침잠하여 어느 정도 일련의 신화적 행위들과 깊은 유대감을 느낄 수 있게 된다.

고대 이집트의 오시리스 숭배에서 그 한 예를 찾아볼 수 있는데, 오시리스 숭배는 본래 왕실의 특권이었으나 점차 유력자들에게까지 퍼져 나갔고, 고대 이집트 시대가 끝날 무렵엔 마침내 각 개인에게까지 퍼져 나갔다. 그리스에서는 신비들이 본래 닫힌 채로 비밀에 부쳐져 있다가, 마찬가지로 점차 집단적 경험으로 확장되어 갔으며, 로마 시대에 이르러서는 로마 관광객들 사이에서 가장 인기 있는 일종의 스포츠가 되었고, 종국에는 해외로 퍼져 나가 다른 나라 신화들을 만드는 기원이 되었다.

그리스도교의 경우 초기엔 다소 주저하다가, 더욱 많은 사람을 신비의 체험으로 인도하려는 특별한 관심에서, 신비 의식(the celebration of the mystery)을 공적 의식(public ceremony)으로 만들었다. 그러자 인류에게 필연적으로 스스로의 변화를 의식하게 되는 기회가 주어졌고, 또한 이 변화를 위해 필요한 심리적 조건들, 예를 들어 죄의 고백과 참회 등에 대해서도 의식하게(conscious) 되었다.[26]

---

26 Ibid., 130-32.

융은 미사에 관한 자신의 해석이 종교 의례를 싸잡아 심리학적으로 설명하려는 시도는 아니었다고 주장하면서 다음과 같이 쓰고 있다.

> 현대 심리학자들은 상징들로 이루어져 있는 정신적 과정을 묘사하는 것 이상으로는 아무것도 할 수 없다는 사실을 잘 알고 있다. 이 상징의 본질은 생명의 비밀 혹은 물질의 비밀만큼이나 의식(consciousness)을 초월하는 것이다. … 소위 형이상학적 진술이란 것이 정신적 과정으로 여겨지기 때문에, 나를 비판하는 사람들이 주로 말하는 것처럼 그것은 "오직 심리학에 국한된 것"이라고는 말할 수 없다.[27]

융은 미사를 치유 요법 수준으로 격하시키려고 시도한 것이 아니었다. 오히려 그의 논점은 개성화(individuation)가 성찬의 의례 역학(ritual dynamics)에 반영된 자기 초월적 행위라는 것이다. 여기서 개성화란 개인의 의식을 집단 무의식과 통합함으로써 각 개인의 통전성과 자율성을 확립하는 과정을 말한다. 달리 말하자면 융은 의식(rite)에 반영된 심리적 과정을 본 것이지, 특정 심리적 과정을 유발하는 의식(rite)을 본 것이 아니다.

오늘날 융의 이러한 분석을 아무 거리낌 없이 받아들일 신학자나 심리학자는 거의 없을 것이지만 "미사와 개성화 과정"에 관한

---

27 Ibid., 132-33.

그의 논문은 정신 의학과 종교 간의 진지한 대화를 촉진하도록 도움을 주었다.[28] 또한 그의 논문은 많은 예배학자가 의례가 단순한 전례지침이나 행사가 아니라 더욱 포괄적인 절차로서 중요한 심리·사회적 뿌리와 파급 효과를 가진다는 점을 인정하도록 이끌었다.

에릭 에릭슨(Erik Erikson)의 저명한 논문, "인간의 의례화 발생"(Ontogeny of Ritualization in Man)[29]의 발표는 심리학자들과 그리스도교 의례 연구자들 사이에서 전개되던 대화에 매우 중요한 순간이 되었다. 에릭슨은 다음과 같이 썼다.

> 인간의 의례화는 언어 습득 이전 유아의 경험에서 출발하여 완전한 공적 행사에서 그 완성에 이르는 듯 보인다.[30]

언어 습득 이전의 경험 가운데 가장 중요한 것은 "유아의 하루를 시작하는 인사 의식"일 것이다. 왜냐하면, 이 단순한 인사 교환이야말로, "인정의 상호성(mutuality of recognition)에 기초한 인간의 의례화에 있어서 지배적인 요인의 발생론적 근거"를 의미하기 때문이다.[31] 유아와 부모 간의 대면(對面)은 "신성한 존재(hallowed

---

28 예를 들어, Victor White, *God and the Unconscious* (Chicago: H. Regnery Co., 1953)을 보라.

29 Erik Erikson, "Ontogeny of Ritualization in Man," in *Philosophical Transactions of the Royal Society of London*, series B, 251 (1966), 337-49.

30 Ibid., 337.

31 Ibid., 338.

presence)에 대한 감지"를 확실히 가능하게 해 주며, 또한 이 대면
은 "인간의 의례 만들기에, 우리가 이후 '경외로운 것'(Numinus)이
라고 부르게 될 한 지배적 요인을 제공한다."³² 에릭슨은 "아기방
(nursery)에서의 의례화"와 종교적 의례가 왜 서로 연관되는지에
관한 이유를 밝혔다.

> 성인들의 의례에서 … 유아적 요인들은 감정적으로, 그리고
> 상징적으로 다시 살아난다. 그러나 유아기의 의례화와 성인
> 의례 모두는 한 기능적 총체의 부분들이며, 인간 존재의 한 문
> 화적 형태이다.³³

에릭슨은 의례와 문화 사이의 결정적인 연관성을 밝힌 후 계속
하여 "우리가 최초의 경외로운 체험 사례에서 알아볼 수 있는 의
례화의 요인들"³⁴을 열거했다. 유아와 부모 사이의 의례화된 교환
을 요약하면서 그는 다음과 같이 쓰고 있다.

> 의례화된 교환은 매우 평등하지 않은 두 유기체와 마음들의 상
> 호 욕구에 기초하고 있다. 우리는 발달하는 욕구들의 주기성
> 에 대하여 말한 바 있는데, 의례화는 이 욕구들에 상징적 실재

---

32 Ibid., 338-39.
33 Ibid., 339.
34 Ibid.

를 부여한다. 우리는 이를 대단히 개인적인 동시에 집단적인 문제로, 또한 일체성과 차별성에 대한 인식을 모두 제공해 주는 것으로 여겨 왔다. 이는 놀이인 동시에 형식화된 것인데, 이 점은 전체 흐름에 있어서나 세부 사항에 있어서 모두 그러하다. 반복을 통하여 익숙해지지만, 매번 서로를 알아볼 때마다 느끼는 놀라움은 지속이 된다.

동물 세계에서 의례화는 일련의 신호로서 명확해야 한다고 생태학자들은 주장할 것이지만, 우리는 인류에게 있어서 모호함이나 양가감정(ambivalence)을 극복하는 것이 의례화의 으뜸 되는 기능 가운데 하나라고 여기고 있다.

우리는 우리의 자녀들을 사랑하지만, 또한 그들이 참을 수 없을 정도로 부모를 힘들게 만드는 존재라는 사실도 알고 있다. 반면 자녀들은 곧 부모가 자녀를 부모의 뜻대로 하려 하고 자녀를 부모의 소유물로 여긴다고 느낄 것이다. 또한 우리가 사랑하거나 경외하는 것이 동시에 우리에게 위협이 되기도 하고, 경외(awe)가 경악(awfulness)이 되기도 하며, 자비로움이 격분 때문에 잠식당할 수도 있다. 따라서 의례화된 확인이 일단 제도화되고 나면 주기적 경험으로서 필수불가결한 것이 되며, 새로운 발달 단계의 콘텍스트 안에서 새로운 형태를 찾아야 한다.[35]

---

35 Ibid.

이 글이 끝날 때쯤 에릭슨은 유아기로부터 성인기에 이르기까지의 의례화의 발생 및 진화에 관한 자신의 견해를 담은 도표를 제공하였다.[36] 그는 자신의 연구가 의례화 과정에 관한 "완전한 목록"을 제공하지는 못할 수 있다고 말하면서 다음과 같이 결론짓고 있다.

> 어쨌든, 의례화에 관해서는 그 어떤 규정도 불가능하다. 왜냐하면, 의례화란 습관화라는 의미에서의 단순한 반복이나 친숙함과는 거리가 멀기 때문이다. 또한 모든 진정한 의례화는 자연스러운 놀라움에 발생론적으로 기인할 뿐만 아니라 그 놀라움으로 가득하기 때문이다. 이것은 잠재적인 혼돈 가운데서 기대하지도 않았는데 인식 가능한 한 질서가 회복되는 것이다. 따라서 의례화는 놀라움과 알아봄의 혼합에 의존하고 있다. 이는 독창성의 근원인 동시에, 본능적 무질서의 심연으로부터, 정체성의 혼란과 사회적 아노미(anomie)로부터 새롭게 태어나는 것이다.[37]

그리스도교의 의례를 연구하면서 에릭슨의 연구가 지니는 중요성을 파악한 최초의 예배학자는 에이든 카바나(Aidan Kavanagh)

---

36 Ibid., 348.
37 Ibid., 349.

였다.[38] 카바나는 자신의 논문 "개인 발달에서 의례의 역할"(The Role of Ritual in Personal Development)에서 의례화의 발생에 관한 에릭슨의 연구가 개인뿐만 아니라 사회 집단에게도 어떻게 유효한지를 밝히고 있다. 만일 에릭슨이 정상적인 개인 발달에 연관시켰던, 의례의 패턴들이 가지고 있는 흐름이 깨진다면 그 결과는 개인의 파괴일 뿐만 아니라 집단의 해체일 것이라고 카바나는 주장했다.

> 어떤 한 집단의 개인 구성원들에게서 전체적 흐름, 의례의 패턴들과 이와 상호 연관된 의례의 요소들의 흐름이 깨어질 때 그 집단 자체가 이미 사회적 해체에 들어간 것이다.
> 왜 그러한가?
> 왜냐하면, 내가 생각하기에, 의례적으로 반복되는 행위의 패턴들은, 아직 초보 단계인 그러나 말로 표현할 수 없는 인간의 실재에 대한 경험들에 상응하는 것이며, 따라서, 이러한 인간의 경험을 전달하는 것이라고 말할 수 있을 것이다. 대부분은 비(非)구술적인 방식으로, 그리고 항상 비유적이며, 또 담론적 전개가 아닌 방식으로 말이다.
> 내가 보기에, 회합의 목적 혹은 공적인 의례에 참여하기 위한 모임의 목적은, 그것이 종교 의례이든 그렇지 아니하든, 개인들이 자신의 경험을 나누기 위한 것이다. 이런 개인의 경험들

---

38 Aidan Kavanagh, "The Role of Ritual in Personal Development," in James Shaughnessy, ed., *The Roots of Ritual* (Grand Rapids, Mich.: Eerdmans, 1973), 145-60.

은, 전체 집단이 개인의 경험 안으로 들어가서 동의하며 적용하도록 합의한 표준적인 상징적 패턴들로는 공적으로 소통하기가 대단히 어려운 그런 경험들이다. 이런 표준적인 상징적 패턴들은 대단히 모호하기는 하지만, 예외 없이 엄격하게 판단적(judgemental)이다.

집단이 소통 불가능한 각 구성원들의 인생 경험들로 들어가서 마침내 망설임 없이 인정하고 전적으로 전유하게 되는 시점은 확고한 동의와 확신이 서면서 모든 판단이 사라져 버리는 바로 그런 시점이다. 우리가 의례를 그 이상으로 혹은 그 이후에 이어지는 의례적 패턴에 종속되지 않는 단일한 의례적 시도라고 이해한다면, 바로 이 시점에 이르러서야 진정한 의례의 수행이 가능하다고 나는 인정한다.[39]

카바나가 말로 표현할 수 없는 것에 대한 개인의 경험을 어떻게 의례적으로 수행되는 그대로의 사회 집단의 표준적인 상징적 패턴들과 연관시키는지에 대해 주목해 보자. 달리 말해서 "말로 표현할 수 없는, 즉 궁극적이고 초월적인 경험"의 운명은 집단이 지니는 의례 수행 능력이라 부를 수 있을 만한 것과 뗄 수 없는 관계로 연결되어 있다. 이 능력은 카바나가 자신의 논문에서 밝힌 바 있는 가치들에 대한 검토와 갱신의 과정에 의해 정의되었고 설명되었다.

---

39 Ibid., 158-59.

집단이 지금 여기에서 살아남기 위해 가치들을 검토하고 갱신하는 이 과정은 시간과 공간 속에서, 실제의 질서 속에서, 그리고 역사 속에서 지속성과 결집력을 그 집단에 제공해 주는 것이다. …

집단의 가치들에 대한 이러한 검토와 갱신의 과정은 내가 전통이라고 이해하는 것이다. …

나는, 전통이란 그것에 의해 인간 사회 속에서 가치들이 소통되는 과정이라고 주장해야만 하겠다. 또한 권위가 그러한 의사소통 과정에서 핵심적인 동인이라고 주장해야만 하겠다. 또한 제의의 구성 요소인 신화와 의례는 사회 자체가 미래에도 살아남기 위해, 가장 깊고 중요한 단계에서 그 사회가 행하는 가치들의 소통 때문에 이루어지는 수행이라고 주장해야만 하겠다.[40]

요컨대, 의례적 행위의 성패 여부에, 다시 말해 개인들 속에서 전개되고 또한 집단에 의해 수행되는 의례적 행위의 성패 여부에 사회적 질서의 생존이 달려 있다. 조금 달리 말하자면 문화는 제의와 분리해서 규정할 수 없다. 한 집단은 내부에서 오는 스트레스나 외부로부터 오는 압력 등에 부딪혔을 때 그 핵심적 가치나 의미들을 필연적으로 재인식하고 재개(再開)할 수밖에 없을 것이다. 이와 관련하여 카바나는 다음과 같이 쓰고 있다.

---

40 Ibid., 148, 151.

나는 인식적 측면을 신화라고 여기고, 수행적 측면을 의례라고 여긴다. 따라서 나에게는 신화와 의례 모두 절대적으로 상호 연관되어 있으면서 서로 분리할 수 없는 기능들로 보인다. 이 둘의 상호 연합이 내가 제의(cult)라고 여기는 것이다. 이러한 이해를 전제할 때 제의의 결과로 나타나는 것이 곧 내가 문화라고 이해하는 그것이다. 마거릿 미드(Margaret Mead)는 이를 "부모로부터 자녀에게로 전수되는 학습된 행위의 체계"라고 불렀다. 나는 이를 특정 집단이 그 집단의 가치들이 뜻하는 바를 인식하고 실행하여, 시간과 공간의 실제 질서 속에서 직면하게 되는 존재의 스트레스와 위협들을 이겨내고 온전히 살아남게 해 주는, 지속적이고 결집력 있는 생활 방식이라고 부르고 싶다.[41]

카바나와 에릭슨은 둘 다 의례를, "오로지 개인에게만 의미가 있는, 반복적으로 홀로 수행하는 행동들로 이루어지는 강박적 행위"[42]의 영역으로부터 완전히 떼어냄으로써 의례를 되살리려 함이 분명하다.

또한 카바나가 심리학에 머물고 있던 에릭슨의 연구 범주를 최근 등장하고 있는 의례 연구 분야까지 확장하고 있음도 명백하다. 의례에 관한 새로운 연구 영역에서는 사회과학들, 주로 인류

---

41 Ibid., 148-49.
42 Erikson, "Ontogeny of Ritualization in Man," 337.

학과 사회학의 연구 결과들이 반영되어야만 한다. 실제로 카바나의 논문은 새로운 연구 분야를 향한 대담한 혁신적 요구로서 의례적 행위들의 "정치학"이라고 부를 만한 것이다. 그 분야는 인간 사회가 어떻게 의미와 가치들을 의례를 통해 전유하고, 이를 정기적으로 검토하고 갱신함으로써, 그 사회의 결속력을 유지하며 생존해 가는지를 체계적으로 연구하는 분야이다.

이런 연구는 지금까지 시도된 적이 없었다. 그래서 카바나와 그 동료들은 이미 확립된 사회과학 속에서, 특히 인류학 및 사회학 속에서 이 새로운 연구 분야를 위한 이론적 기초를 찾으려고 하였다. 그들이 사회과학으로부터 찾아낸 것이 무엇인지, 더 정확하게 말하자면 그들이 찾아낸 것을 자신들의 연구에 어떻게 활용하였는지를 이제부터 살펴보겠다.

3. 반의례주의 vs 의례주의

크리스토퍼 크로커(Christopher Crocker)는 의례를 "인간 존재의 역설들에 관한 은유적 표현"[43]이라고 정의하였다. 크로커는 이어서 다음과 같이 쓰고 있다.

---

43 Christopher Crocker, "Ritual and the Development of Social Structure: Liminality and Inversion," in Shaughnessy, *The Roots of Ritual*, 47.

의례란 본질적으로 소통, 곧 사회들이 다양한 문제들을 논의하는 하나의 언어이다. 또한 의례는 한 인간이 다른 인간들, 제도들, 영혼들, 자연과 나누는 관계를 다룬다. 또한 의례는 이러한 주제들과 치환할 수 있는, 다양한 모든 것들을 다룬다. 그렇다면 의례가 소통하고 있는 것은 무엇인지가 곧바로 우리가 직면하게 되는 문제이다.

미개인(원문 그대로)이 깃털 장식을 하고 물감을 바른 채 행진하면서 혼잣말을 하거나 동료에게 말을 건넬 때 그것이 무엇을 뜻하는지를 우리가 어떻게 알아낼 수 있을까?

또한 어떤 채소를 먹을 때는 포크를 사용하지만, 옥수수를 통째로 먹을 때는 손을 사용하는 것이 왜 그런지를 어떻게 알아낼 수 있을까?

더욱이 의례는 단지 무엇에 대하여 말하는 것만은 아니다. 의례는 무언가를 행하기도 한다. 또한 의례는 한 계절을 다른 계절로 바꾸어 주기도 하고, 소년들을 남자들로 만들어 주기도 하며, 아픈 자를 건강한 자로 변화시키기도 하고, 죽은 자의 혼들을 조상들의 영혼으로 전환하기도 한다. 인류학자들은 동의하기를, 의례의 이러한 기능들이 하나의 구분되지 않는 역동적인 전체를 표현하는 다양한 관점들이지만, 의례적 소통이 의례적 변화와 어떻게 연관되는지, 또한 소통이 변화와 소통 모두에 내재된 메카니즘과 어떻게 연관되는지에 있어서는

서로 다르다고 한다.⁴⁴

크로커는 인류학자들 사이에서 생겨난 의례의 의미와 메카니즘들에 관한 의견 일치의 정도를 과대평가했을지도 모르겠다. 그러나 그가 다수의 인류학자가 의례를 사회적 언어의 일종으로 여기고 있다는 사실을 지적했다는 점에서는 분명코 옳았다. 인류학자들은 현장 연구를 통해 이 사회적 언어의 문법과 관용법을 발견하고자 했다.

아마도 이와 관련된 가장 유명한 사례는 클리퍼드 기어츠(Clifford Geertz)의 글인 "심층 놀이: 발리의 닭싸움에 관한 기록들"(Deep Play: Notes on the Balinese Cockfight)⁴⁵에서 찾아볼 수 있을 것이다. 기어츠는 경쟁이 치열한 이 사건을 사회적 역학(mechanics)에 따른 활동이 아니라 사회적 의미론(semantics)의 한 본보기라고 보았다.⁴⁶ 하나의 상징 체계로서의 닭싸움은 텍스트를 형성하게 되어 우리로 하여금 사회가 어떻게 "인식적 목적을 위해 감정"⁴⁷을 사용할 수 있는지에 대하여 이해할 수 있도록 도와준다.

---

44 Ibid., 49-50.
45 Clifford Geertz, "Deep Play: Notes on the Balinese Cockfight," in *The Interpretation of Cultures* (New York: Basic Books, 1973), 412-53. 이 글이 처음으로 게재된 곳은 *Daedalus* 101 (1972), 1-37이다.
46 Ibid., 448.
47 Ibid., 449.

기어츠의 연구 작업은 엄청나게 중요했다. 왜냐하면 그의 연구는 근본적이고 "은유적인 것에 다시 초점 맞추는 것"이 인류학자들의 임무임을 나타냈기 때문이다.

> 이는 문화 형태들에 관한 분석을 동시대 인류학에서 지배적으로 나타났던 유사점들인, 하나의 유기체를 해부하는 것, 하나의 증상을 진단하는 것, 하나의 암호를 해독하는 것, 혹은 하나의 시스템을 파악하는 것 등과 비슷한 시도로부터 하나의 문학 텍스트를 꿰뚫어 보는 것과 비슷한 시도로 전환하는 것이다. 아리스토텔레스의 한 유명한 인용구를 빌려 표현하자면, "무엇에 대하여 무언가를 말하는" 수단으로 닭싸움을 선택하거나, 집단으로 유지되는 또 다른 상징적 구조를 선택하게 될 경우, 우리가 대면하게 될 문제는 사회적 역학의 문제가 아니라 사회적 의미론의 문제일 것이다. 사회학적 원리들을 체계화하는 것이 관심인 인류학자들에게 … 문제가 되는 것은 다음과 같은 질문일 것이다. 우리는 텍스트들의 한 집합체로서의 문화를 연구함으로써 그런 사회학적 원리들에 관하여 무엇을 배우는 것일까?[48]

달리 말하자면 기어츠는, 인류학자들이 "텍스트"의 개념을 기록된 자료 그 너머로, 혹은 단순히 구술 언어적인 것 그 너머로까

---

[48] Ibid., 448.

지 확장할 수 있다면, 그리하여 문화 형태들이 "사회적 재료들로 구성된 창의적인 작품들, 즉 텍스트"[49]로 여겨질 수 있다면 매우 유익할 것이며, 또한 시사해 주는 점이 많을 것이라고 느꼈다.

> 닭싸움을 하나의 텍스트로 다루는 작업은, 닭싸움을 하나의 의식(rite) 혹은 하나의 취미 활동으로 보게 만드는 특징, 내 견해에 따르면 닭싸움의 핵심적인 특징을 끄집어내는 일이다. 이토록 명백하게 다른 두 가지는, 인식적 목적을 위한 감정의 사용을 모호하게 만드는 경향이 있다. 닭싸움이 말하는 것은 정서의 언어로 말하는 것이다. 즉 위험에서 비롯되는 전율, 패배로 인한 절망, 승리의 기쁨 등이다. 그렇다고 닭싸움이 말하는 것이 단순히 위험은 짜릿하고, 패배는 낙담스럽고, 승리는 흐뭇하다는 등의 감정의 동어 반복은 아니다. 그것보다는 이를 통해 사회가 구축되고 또한 개인들이 서로 엮이는 그런 정서들이다. 닭싸움에 직접 참여하거나 관전하는 일은 발리 사람들에게 일종의 정서적 교육이다.
> 이곳에서 발리 사람들은 자신들의 문화가 지닌 에토스와 자신들의 개인적 감정, 혹은 어쨌거나 그들의 일부 측면들이 집단적 텍스트 안에서 외부로 표출되었을 때 어떤 모습인지를 배우고, 그 에토스와 개인적 감정이 이러한 단일 텍스트에 관한 상징 연구를 통해 정확하게 드러내질 때 이 양자가 거의

---

[49] Ibid., 449.

매우 유사하다는 점을 배운다. 이 점은 다소 우려되는 내용이지만, 또한 이런 깨달음을 얻게 되는 텍스트가 한쪽 닭이 다른 한쪽 닭을 산산이 난도질하는 것으로 구성되어 있다는 점을 배우게 된다.

속담에서도 말하듯, 모든 사람은 각자 나름대로 사랑하는 폭력의 형태가 있다. 닭싸움은 발리 사람들이 좋아하는 폭력의 형태를 반영한 것이다. 즉 그 외형, 그 운영, 그 힘, 그 매력 등의 반영이다.[50]

우리가 주목할 것은, 기어츠가 문화 형태에 관한 자신의 텍스트 해석을, 문화 형태를 의례로서 다루는 방법론적 대안으로 보았다는 점이다. 그러나 기어츠의 이런 범주들을 원용하고자 시도하는 그리스도교 예배학자들에게서는 정작 기어츠의 이런 관점이 사라져 버린 것 같다. 기어츠에게 발리의 닭싸움은 사회적 의례가 아니라, "발리 사람들의 경험을 발리식(式)으로 읽는 것, 곧 그들이 자신들에 대해서 자신들에게 말해 주는 이야기"였다.[51]

닭싸움을 일상생활로부터 떼어 내는 것은, 그리고 닭싸움을 나날의 현실적인 문제들의 영역으로부터 분리하는 것은, 그리고 닭싸움을 실제보다 대단한 것인 양 후광을 씌우는 것은 기능주

---

50 Ibid.
51 Ibid., 448.

의적 사회학에서 말하듯 닭싸움이 신분 차별을 강화하기 때문이 아니라 … 오히려 닭싸움이, 인간들을 고정된 수직적 서열로 분류하며 집단적 존재의 주요 부분을 그 분류에 따라 배열하는 문제에 관하여 초사회적 해석을 제공하기 때문이다.[52]

기어츠가 제안한 이러한 관점은 인류학 분야에선 지진에 못지않은 것이었다. 발리의 닭싸움에 관한 그의 저서가 출간되기 이전까지 많은 인류학자가 사용했던 은유는 **몸의**(somatic) 은유였다. 이 은유에서 몸과 그 경계들은 사회 구조 및 사회 변화의 주요 코드들을 밝혀 주는 은유적 빛을 제공한다. 예를 들어, 인류학자인 메리 더글러스(Mary Douglas)는 자신의 저서 『자연 상징』(*Natural Symbols*)의 서문에서 다음과 같이 쓰고 있다.

> 대부분의 상징적 행위는 인간의 몸을 통하여 수행된다. … 인간의 몸은 우리 모두에게 공통적이다. 단지 우리의 사회적 조건이 다를 뿐이다. 인간의 몸에 기초한 상징들은 서로 다른 사회적 경험들을 표현하는 데 사용된다. …
> 나는 인간의 몸을 써 표현하는 상황들의 범주는 대단히 제한되어 있다고 주장할 것이다. 이런 상황들은 본질에서 사회적 관계들의 질(質)로부터 나온다. … 이런 관계들은 독자적으로 변화하는 두 개의 기준에 따라 구성되어 있다. 나는 이 두 가지

---

52 Ibid.

의 기준을 그리드(grid, 격자)와 그룹(group, 집단)이라고 불렀다. 그룹은 명백하다. 경계가 지어진 사회적 단위의 경험을 뜻한다. 그리드는 자아를 중심으로 한 기초 위에서 한 사람을 다른 사람들과 관계 맺게 해 주는 규칙들을 뜻한다. 그리드와 그룹은 함께 발견될 수도 있다. … 자연 속에서의 우주와 인간의 자리에 관한 가장 근본적인 가정들은 인간의 몸에 대한 사회적으로 적절한 이미지로 채색되어 있다. …

그룹이 강하고 그리드가 약한 경우, 외부로부터의 공격에 취약한, 소중하게 여겨지는 몸의 형태라는 아이디어는 하나의 콘텍스트로부터 다른 콘텍스트로 전달되는 경향이 있다. 그것은 사회의 숨겨진 적들에게 책임을 돌림으로써 불행 이론 (a theory of misfortune)으로 사용될 수도 있을 것이다. 그것은 또한 적의 정체를 밝히고 적을 무력하게 하는 행동으로 이끄는 가이드 역할을 할 수도 있을 것이다. 또한 선의 힘을 악한 힘으로부터 구별해 내고 몸의 안쪽이 공격을 받고 있다고 밝힘으로써 존재의 철학으로 작용할 수도 있을 것이다. 내부는 선이 되고 외부는 악이 된다.[53]

『자연 상징』의 개정판 서론에서 더글러스는 몸의 은유들과 신체적 과정들이 한 문화 속에서 상징체계를 위한 기초를 제공해

---

53 Mary Douglas, *Natural Symbols: Explorations in Cosmology*, new ed. (New York: Pantheon Books, 1982), vii–ix.

주지만 이들 상징체계의 의미는 사실상 "사회적 경험"으로부터 나오는 것이라고 밝힘으로써 자신의 입장을 분명히 했다.

> 이 책에서 논지의 출발점은, 상징체계들이 신체적 과정에 기초를 두고 있으나, 그 의미는 사회적 경험으로부터 나온다는 것이다. 이 체계들은 역사를 공유하는 한 공동체에 의해 코드화되어 있다. 그들의 숨겨진 기원과 공동체적 배경 때문에 그런 많은 상징은 언어보다도 더 자연 발생적인 듯 보인다. 그러나 이들은 문화적으로 학습되고 문화적으로 전수된다. 이 논증을 위한 예비적 시작점에 자연 발생적인 상징들이란 없다는 것을 더할 수 있을 것이다. 그것들은 모두 사회적이다.[54]

그러나 신체적 상징들은 우리의 근본적인 경험을, 그리고 사회적 질서 혹은 무질서에 관한 인식을 형성해 준다. 그리하여 우리가 더러움, 질병과 오염에 관해 규정할 때 큰 영향을 끼친다. 이는 그러한 상징들이 의례적으로 구현될 때 특히 그러하다.

> 상징의 구현은 … 초점 맞추는 기제, 기억의 한 방법, 경험의 통제 등을 제공해 준다. 제일 먼저 초점 맞추기의 경우, 의례는 하나의 틀을 제공해 준다. 특정한 시간이나 공간을 표시함으로써 어떤 형태의 기대를 불러일으키게 된다. 예를 들면 자주

---

54 Ibid., xix-xx.

반복하여 사용하는 "옛날, 옛날 한 옛날에 …"와 같은 표현은 환상적인 이야기를 듣게 될 것이라는 기대감을 조성해 준다.[55]

틀을 형성해 주는 의례의 기능은 단지 편리하기만 한 것이 아니다. 상징적 행위들 없이 사회적 관계란 불가능하고, 상징적 행위들은 의례적 수행을 필요로 하기 때문에 의례의 이 기능은 반드시 필요하다.

사회적 동물로서의 인간은 의례 동물이기도 하다. 만일 한 형태의 의례가 억제당하면 그 의례는 다른 형태로 불쑥 나타나며 더욱 강력한 사회적 상호 작용을 일으키게 된다. 위로의 편지, 축하 전보, 혹은 심지어 가끔 주고받는 우편엽서 없이는 멀리 떨어져 있는 친구들 사이의 우정은 사회적으로 실재할 수 없게 없다. 우정을 나누는 의식(rite)들 없이 우정이라는 사회적 실재는 존재하지 않는다. 사회적 의례는 그것들 없이는 존재할 수 없는 하나의 실재를 생성한다. 따라서 의례가 사회에 대하여 갖는 힘은 단어들이 사고에 대하여 갖는 힘보다 더 크다고 말해도 과언이 아닐 것이다. 왜냐하면 그것을 표현하는 적당한 단어를 알지 못한 채 그것에 대해 사고하는 일은 충분히 가능하지만, 사회적 행동 없이 사회적 관계를 맺는 일은

---

55 Mary Douglas, *Purity and Danger: An Analysis of Concepts of Pollution and Taboo* (Baltimore: Penguin Books, 1970 [1966]), 78.

불가능하기 때문이다.[56]

이와 유사하게, 사회는 더러움을 사회적 행동에 의해 상징화된 "질서 잡힌" 사회적 관계들을 위반하는 죄로 규정하고, 이로부터 스스로를 지키기 위해 의례적 절차를 밟는다. 이에 대해 크리스토퍼 크로커는 다음과 같이 말하고 있다.

> "더러움"에 관한 우리의 개념이란 실제로는 제자리에 있지 못한 것들, 혹은 정리되어 있지 않은 것들, 그래서 적절한 범주들로 질서 잡혀 있지 않은 것들이라는 의미이다. 이러한 "더러움"이 퍼져 나가면 오염이 발생하게 된다. 이것은 많은 원시적 의례들이 모든 것들을 그들 각각의 적절한 자리로 되돌려 놓기 위해 고안된 것처럼 보이는 이유이다. 인간 몸의 산물들, 모발, 손톱, 타액, 혈액, 배설물 등은 이런 점에서 볼 때 매우 경계선(liminal) 상에 있는 것들이다. 이들은 몸의 산물이지만 그러나 몸 일부는 아니다. 그것들은 몸의 경계들을 표현해 주는 것들인 동시에 몸의 온전성을 위협할 수도 있는 것들이다.[57]

---

56 Ibid.
57 Crocker, "Ritual and the Development of Social Structure," 70-71. 더글러스는 그의 저서 *Purity and Danger*의 첫 세 장에서, 무질서로서의 더러움(dirt as disorder)과 전염으로서의 오염(pollution as contagion)이라는 이 주제를 발전시킨다.

요컨대 더러움이란 질서의 위반이다. 오염은 범주들의 혼란으로부터 야기된다. 이 두 가지 아이디어들은 몸의 은유에 근거한 사회적 삶의 비전으로부터 나온 것이다. 그러나 어쩌면 더글러스의 작업 결과 중 가장 중요한 것은 사회적 경험을 이용하기 위하여 몸의 은유를 사용한 점이 아니라, 현대 문화 속에 나타나는 "반(反)의례주의(anti-ritualism)"에 대한 그녀의 비판일지도 모른다.[58] 이 점은 예배학자들이 열심히 씨름하고 있는 문제이기도 하다. 더글러스는 다음과 같이 말한다.

> 인간의 행위에 적용해 볼 때, 그 정상적 기능에서 벗어나서 관례화된 행동으로 정의된 의례는 미묘하게도 다소 경시되는 소통의 형태가 된다. 다른 상징적 행동들은 행위자의 의도와 신념에 관한 정보를 정확하게 전달한다. 의례는 그렇지 않다. 의례주의자는 특정한 가치들의 체계에 대한 신념을 암시하는 외적인 몸짓들을 수행하는 사람이 된다. 그러나 내적으로는 위축되며 고갈되고 헌신하지 못한다. 이는 의례라는 용어에 관한 대단히 편협한 사용이다. 왜냐하면 이것은 종교 부흥운동의 (반의례주의적인) 오랜 역사로부터 나온 것이기 때문이다.[59]

더글러스는 계속하여 "의례주의로부터 벗어나는 세 가지의 단계들"을 밝히고 있다.

---

58 특히 그녀가 쓴 "Away from Ritual," *Natural Symbols*, 1-18을 보라.
59 Ibid., 2.

첫째, 의례의 외적인 형태들에 대한 멸시이다.
둘째, 종교적 경험에 관한 개인적 내면화이다.
셋째, 인본주의적 박애주의자로의 전환이다.
셋째 단계가 진행되면 영혼의 상징적 삶은 끝이 난다.[60]

런던에 거주하는 "아일랜드 촌놈"(Bog Irish)은 더글러스에게 반의례주의가 어떻게 사회적 결집력과 종교적 정체성 모두를 침식하는지에 관한 기억할 만한 예를 제공해 주었다. 이 아일랜드 이민자들에게 금요일에 육식을 금하는 전통과 같은 상징적이고 의례적인 행위는 사실상 "그들 신앙의 핵심적 규칙이다. 이를 위반하는 것은 자동으로 불행을 가져다주는 금기이다."[61]

바티칸 공의회 이후의 개혁자들은 이 점을 이해하는 일에 전적으로 실패했다. 또한 그들은 무엇이 대부분의 "교육받지 못한 신자들"을 혐오의 대상으로 만드는지를 이해하는 일에도 역시 실패했다. 더글러스의 제안에 따르자면, 이러한 오해에 대한 해독제는 "의례주의"(ritualism)로 돌아가는 것이다.

나는 이 의례주의라는 말을, 상징적 행동이 대단히 중요하다는 점을 제대로 평가하기 위해 사용하겠다. 이는 두 가지 방식으로 명백하게 드러날 것이다. 제도화된 기호들의 효력에 대한 믿음, 응축된 상징들에 대한 감수성 …

---

60 Ibid., 7.
61 Ibid., 3.

의례주의는 상징적 행동이 매우 확실하게 효력이 있다고 여겨지는 곳에서 가장 고도로 발전한다. … 상징들이 높은 평가를 받고 의례주의가 강성한 곳에서는 어떤 특정한 형식의 행동들이 죄(罪)인지를 알려 준다. 의례주의가 약한 곳에서는 어떤 특정한 외적 행동이 죄인지에 대해 초점을 맞추지 않는다. 오히려 정신 내면의 상태에 집중한다. 따라서 정화 의례는 그다지 명백하게 나타나지 않을 것이다. …

따라서 성례전에의 헌신은 외적인 형식들을 높이 평가하고 그 형식들에 특별한 효력을 부여해 주는 마음의 틀에 의존한다. 의례주의자로 하여금 성례전적 형태의 예배에 헌신하게 하는 것은 바로 이러한 일반적 태도이다. 역으로, 외적 상징들에 관한 관심이 모자라면 제도화된 성례전의 수행은 불가능하다. 그리스도교 예식을 개혁하려는 현재의 많은 시도는, 옛 상징들이 그 의미를 상실했으므로 이제 문제는 새로운 상징들을 찾아내거나 옛 상징들의 의미에 새 생명을 불어넣는 일이라고 전제하고 있다.

그러나 이러한 일은, 만일 내가 주장하는 대로 서로 다른 시대의 사람들이 그와 같은 상징들에 대하여 더 민감하거나 반대로 덜 민감하다면, 완전히 헛수고가 될 것이다.[62]

의도했든 그렇지 않든 더글러스는 로마 가톨릭교회의 예배학

---

[62] Ibid., 8-9.

자들 그리고 고교회파(high church) 진영의 사람들이 의례적 행위의 평범화에 대항한 전투에서 그토록 찾아왔던 바로 그 탄약을 건네준 셈이었다. 여기서 의례적 행위의 평범화란 제2차 바티칸 공의회 이후에 나타났던, 친밀함을 가장한 컬트, 개인주의, 싸구려 감상주의 등을 통해 의례적 행위를 평범화하려는 경향이다.

또한 예배학자들은 이내 또 다른 인류학자인 빅터 터너(Victor Turner)의 연구 작업을 통해 더글러스의 "의례주의자"적 입장을 지원하는 동맹군을 발견하였다. 터너는 『그리스도교 문화에서의 이미지와 순례』(Image and Pilgrimage in Christian Culture)[63]의 부록에서 의례의 정의를 제시했는데, 이는 한 세대에 걸쳐 그리스도교 예배학자들이 행한 작업의 완벽한 본보기였다. 그는 다음과 같이 쓰고 있다.

> [의례란] 각 상황에 맞게 처방된, '격식을 갖춘 행위'(formal behavior)이다. 그러나 신비한 존재들이나 신비한 힘에게 의존하는, 판에 박힌 기술적 순서들에 이용되는 경우는 이에 속하지 않는다. … 의례의 지시문을 살펴보는 일이 필수적인 것으로 여겨진다. 왜냐하면, 집단적 행동이 따라 흘러야 하는, 관습으로 표시된 채널들 안에 머물러야만 … 통상 의례 참여자들에게 약속되는 평화와 조화가 마침내 이루어질 것이기

---

63 Victor Turner, *Image and Pilgrimage in Christian Culture* (New York: Columbia University Press, 1978).

때문이다. …

의례란[터너는 이제 로널드 그라임스(Ronald Grimes)를 인용하며 의례에 대한 정의를 계속 진술한다], … 문화적 과정들의 주요 유형들, 범주들, 모순들을 드러내는 변형적 수행(transformative performance)이다. 의례는 사회적 보수주의가 그 상징들로 소중히 여겨 온 문화적 가치들을 단순히 농축해 놓은, 사회적 보수주의의 보루는 아니다. 오히려 의례란 문화와 구조를 생성하는 근원에 해당한다. … 따라서 의례는 그 정의상 사회적 변화와 연관되는 반면, 세레모니(ceremony)는 사회의 (정적인) 상태와 연관된다. 의례의 수행들은 사회적 과정에 있어서 매우 독특한 국면들인데, 이를 통해 집단들은 내적 변화에도 적응하고 그들의 외적 환경에도 적응하게 된다.[64]

매우 공을 들인 이 정의는 많은 예배학자가 의례의 기원, 특징,

---

[64] Ibid., 244. 터너의 정의를 1985년에 마크 설(Mark Searle)이 언급했던 다음의 내용과 비교하라. "그리스도교 예배는 … 공동체의 기도이고, 항상 그러했다. 이는 또한 의례적 기도로서, 같은 행위를 반복하고, 같은 단어들을 연습하며, 같은 상징들을 수행하고, 같은 찬송들을 부르는 것을 그 특징으로 한다. … 예배란, 반드시 동일한 것은 아니라 할지라도, 전통을 그 특징으로 하고 있다. … 전통을 지키는 사람들은 … 그 구조가 어떻게 지켜져야 하고, 그 가변적 요인들은 어떻게 적절한 방식으로 사용되어야 하는지를 항상 알고 있었다. 공의회 이전의 로마 가톨릭 예배가 이상적인 것으로 여겨져서는 안 된다. … 그러나 대체로 그 예배는 온전하게 수행되었다. 공의회 이진 시기에 당연하게 여겨졌던 의례의 전통적 형태들과 그것에 따라 지정된 본문 및 찬송 등의 레퍼토리들이 점차 쇠퇴하고 있는 듯 보인다." Mark Searle and David Leege, "The Celebration of Liturgy in the Parishes," Report No. 5 (August 1985) University of Notre Dame Institute for Pastoral and Social Ministry, 4.

목적에 관하여 의견의 일치를 본 지배적인 내용을 짤막하게 요약한 것이다. 이 의견의 일치에 대해 많은 이들은 "고교회파"적 관점이라고 부를 것이다. 이 정의는 의례를, 문화화된 "상징체계"인 동시에 한 사회 체계, 혹은 사회화(socializing) 체계로 보고 있음을 주목해야 한다.

이는 물론 의례가 형이상학과 사회적 역학 모두를 다루고 있다는 것을 뜻한다. 또한 믿음들과 행위들, 초월적 의미들과 문화적 구조들, 종교적 전통들과 인간적 전이들(transitions), "통과 의례"들을 다루고 있음을 의미한다. 또한 의례들은, 해당 의례를 수행하는 개인 및 공동체들에 중요한 심리학적 그리고 사회학적 혜택들을 부여하고 있다고 여겨진다는 것을 뜻한다.

그러나 터너의 의례에 관한 이 정의보다, 그가 1976년에 발표한 도발적 논문인 "의례, 부족민, 그리고 가톨릭"(Ritual, Tribal and Catholic)[65]이 예배학자들에게 훨씬 더 큰 영향을 끼쳤다. 터너는 바티칸 공의회 이후에 가톨릭 예배가 "동시대적인 싸구려 즉흥작"이 되어 버렸다고 믿고, 이에 대한 통렬한 한탄으로서 이 논문을 썼는데, 이 논문에서 그는 옛 라틴 미사의 의례적 우월성을 옹호하였다. 여기서 옛 라틴 미사란 1570년 교황 비오 5세의 미사전례서에 소중하게 간직된 "트렌트 공의회"의 성찬 예식을 말한다. "신앙으로는 가톨릭, 직업으로는 인류학자"인 터너는 다음과 같이 불만을 토로하였다.

---

65 Victor Turner, "Ritual and Catholic," *Worship* 50:6 (1976), 504-26.

[새로운 의식(rite)은] 뒤르켐(Durkheim), 래드클리프-브라운(Radcliffe-Brown), 이제는 폐기된 인류학과 사회학의 기능주의 학파들의 방식을 따라 당대의 사회 구조 및 과정들, 그리고 심지어 패션과 유행들의 적절한 "표현" 혹은 "반영"으로 여겨져 왔다. 복음의 관점에서 이해된 인간의 포괄적인 경험의 절정인 의례들은 "동시대인"의 경험에 "적절하다"고 여겨지는 언어적 표현들에 자리를 내주면서 폐기됐다.

이는 커뮤니케이션 매체에 의해 모순적으로 획책된 불분명한 이미지이다. 이 배후에는, "평범한 신자들"은 그것이 "세속적인" 포장지에 싸여 있을 때만 "거룩한" 것을 알아차릴 수 있다는 개념이 전제되어 있다. 이런 개념은 모든 인류학적 경험들과는 완전히 반대 방향으로 가는 것이다. … 전통적인 라틴 미사의 장점 중 한 가지는, 가장 다양한 집단과 개인들이 그들의 연령, 성별, 인종, 문화, 경제적 지위 혹은 정치적 소속을 뛰어넘어 의례를 함께 수행할 수 있다는 점이었다.

그 예전은 장엄한 객관적 창조물로 우뚝 서게 되었으나, 이는 그리스도교의 제반 열등감을 감추려는 수단이었다. … 이제는, 교회 안에서 특권적 지위와 전략적인 지위를 차지한 특정 이해집단들의 극단적인 조종으로 말미암아 예배에서 서로 다른 배경을 가진 사람들을 신비한 한 몸으로 묶어주던 의례적 유대가 사라져 버리고 있다는 점을 두려워하는 상황이 되었다.[66]

---

66 Ibid., 523-25.

이에 터너는, 제2차 바티칸 공의회 이후에 나타난 예배 개혁의 흐름에 대한 합당한 인류학적 비판을 예배학자들에게 제공하겠다고 주장했다. 그러나 터너의 주장이 다소 타당성이 부족한 역사적 기초 위에 있다는 사실을 간파한 사람은 거의 없는 듯했다. 예를 들어, 트렌트 공의회의 예식이 "그리스도교의 가장 오래된 성찬 예식"을 대표한다는 아드리안 포테스큐(Adrian Fortescue)의 상투적인 주장을 비판 없이 인용하거나 칭찬했던 부분이 그 대표적 예이다.[67]

현대의 "반의례주의"를 향한 더글러스의 비판은 터너의 논문인 "의례, 부족민, 그리고 가톨릭"에 나타난 터너의 관점과 짝을 이루면서, 미국 전역에 걸친 교구들에서 행해졌던 "공의회 이후의 좋은 예식"을 비판하기 위해 진지한 인류학적 근거를 찾고 있던 예배학자들에 의하여 종종 되풀이되던 표준 문구가 되었다.

4. 지배적 견해의 출현

점차 "인류학자들이 의례에 대하여 갖는 생각"의 목록에 기초를 둔 의견의 일치가 출현하였는데, 이 현상은 "고교회파"의 예배학자들 진영에서 특히 그러했다. 물론 이 진영에만 국한된 현상은 아니었다. 이 의견의 일치는 다음과 같은 특징을 가지고 있다.

---

67 Ibid., 509-10. 터너의 분석에 관한 날카로운 비평으로는 Catherine Bell, "Ritual, Change, and Changing Rituals," *Worship* 63:1 (1989), 31-41을 보라.

- 의례는 강박적 신경증도 아니고 밖으로부터 우리의 삶에 부과된 인위적 구조도 아니다. 오히려 의례는 표현적이고, 격식을 갖춘 형식이며, 전통적이고, 권위가 있으며, 공리주의적이지 않고, 상징적이며, 불변하는, 그리고 반복 가능한 행위로서, 그 먼 뿌리는 인간 자체의 발생학적 발전과 밀접하게 연관되어 있다.
- 개인들이 나름대로 고안해 낸 자기 특유의 "의례들"을 수행할 수는 있으나, 의례라는 용어는 그 본질에 있어서 공적이고, 사회적이며, 전적으로 개인적이거나 사적이기보다 집단적인 행동들에 가장 부합하는 용어이다.
- 의례는 참여자들의 집단적 정체성 및 사회적 결집력을 지탱하기 위해 필수적인 문화적 정보 및 과정들, 곧 의미들, 가치들, 범주들, 유형들, 모순들을 구현하고 전수한다.
- 의례란 이미 존재하는 상징들과 사회적 구조들을 단순하게 강화해 주는 것만은 아니다. 의례는 새로운 변형적 구조들의 출현을 가능케 하고 또한 촉진할 수 있다.
- 의례는 종종 사회적 전환들, 통과 의례 혹은 생애 위기 사건들 등과 연관된다. 그러나 단지 이것들과만 연관되는 것은 아니다.
- 의례의 일차적 의도는 사회적 결집력과 정체성을 증진하기 위함이지만, 때로 의례는 사회적 변화 및 사회적 적응을 상려하거나 허용하기도 한다.
- 의례들은 고대의 행동들과 선조들에 대한 기억들을 보전하

거나 표현한다. 이렇게 함으로써 역사적 과거로의 접근을 가능케 해 준다. 따라서 의례들이 없는 공동체는 기억이 없는 공동체이다.
- 의례가 갖는 힘은 기대하지도 않았던 신기함이나 혁신에서 비롯되기보다는 반복과 익숙함에서 비롯된다.
- 의례들은 현재적 삶에서 지금 그 공동체가 어떤 모습인지와 종말론적 미래에 있어서 그 공동체가 어떤 공동체가 되고 싶은지의 두 가지에 대한 총연습이다.
- 의례들은 사회적 삶에 질서를 부여하고 또 규제하므로 급진적 변화, 실험, 혹은 즉흥성 등은 그 특질상 거부한다.

한마디로, 의례는 본질적으로 사회적 삶을 규제하는 하나의 방식이다. 또한 개인적 정체성 및 집단적 정체성을 형성해 주는, 가치를 검토하고 갱신하게 하는, 상징적 언어와 행동으로 의미를 표현하고 전수하는, 전통을 보존하는, 그리고 문화적 응집력과 연속성을 보장하려는 하나의 방식이다.

의례는 "효율적"이거나 "실용적"인 행동 방식이 아니다. 반대로 의례적 행동들은 특질상 모호하고, 감염되기 쉬우며, 다양한 의미를 지닐 수 있다. 그래서 한눈에 명백하게 보이거나 이해 가능한 것이 아니다. 대체로 의례들은 비(非)구술적 행위들이다. 따라서 텍스트들이 아니다. 의례들은 거슬리는 설명 혹은 해석 없이 "마음으로 행해지는 수행들"이다. 더욱이 의례는 참여자들의 믿음(교리)뿐만 아니라 그들의 행위(윤리)에 대해서도 규범적인 것으로 여겨진다.

의례에 대한 이 "정통한 의견 일치"는 "최고의 인류학적 연구"에 근거한 것인데, 이는 로버트 벨라(Robert Bellah)와 그의 동료 사회학자들이 수행한 연구 작업에서도 인상적으로 확인되었다. 특히 그들의 영향력 있는 연구인 『마음의 습관들: 미국인의 삶에서 개인주의와 신념』(Habits of the Heart: Individualism and Commitment in American Life)[68]에 이 점이 잘 나타나 있다.

이러한 인류학적인 사회학적 경향들의 영향은 "가톨릭 교구 생활에 관한 노트르담 연구"(The Notre Dame Study of Catholic Parish Life)라는 글에서 쉽게 탐지된다. 이 연구는 1986년에 모인 북미 예배학회에서 마크 설(Mark Searle)이 요약하여 보고한 바 있다.[69] 설은 그의 요약 보고 초반부에서, 예배 수행에 대한 연구 대상이었던 교구들에서 행해진 "미사들에는 세레모니의 증거도 보이지 않았고, 의례의 화려함도 보이지 않았을 뿐만 아니라," 또한 "주요 교구 미사에서조차 예전을 엄숙하게 만들어 주는, 의식(rite)을

---

[68] Robert Bellah et al,, *Habits of the Heart: Individualism and Commitment in American Life* (Berkeley: University of California Press, 1985).

[69] Mark Searle, "The Notre Dame Study of Catholic Parish Life," *Worship* 60:4 (1986), 312-33. 교구 예배에 관한 연구인 "Notre Dame Study"는 릴리 재단이 출연한 기금 4억 원으로 진행된 사회과학 연구의 일환이었다. 이 연구가 "미국 가톨릭"에 관한 포괄적 이해를 제공한다고 주장하지는 않았다는 점을 주목할 필요가 있다. 설은 다음과 같이 썼다. 예배에 관한 한, "그 연구는, 교구 단위에서, 히스패닉이 아닌 미국 가톨릭 신자들을 대상으로 한 것이다. 본 연구가 제공하는 데이터들은 일차적으로 해당 36개 교구와 그 교구들의 등록 교인들에 관한 것이다. 따라서 이 연구 결과를 모든 미국 가톨릭 신자들에게 일반화하여 적용하는 일은 주의해야 한다"(312).

통해 제공받을 수 있는 기회들이 이 나라에서는 별로 사용되지 않는다"[70]고 지적하였다. 그는 더 나아가 다음과 같이 밝혔다.

> 우리 관찰자들이 우리에게 가져다준 정보는 미국 가톨릭교회들 안에서는 실용주의가 상징주의를 계속해서 압도하고 있다는 점을 가리킨다.
>
> 우리의 표본들 가운데 몇몇 주목할 만한 예외가 있긴 했지만, 우리가 관찰했던 예전들의 전반적인 인상은 기계적이고 무기력한 수행이었고, 깊은 기도로 참여하는 분위기조차 없었다.[71]

요컨대 셜은 그의 연구 자료들로부터 다름 아닌 "반의례주의"와 "싸구려 즉흥 작"을 발견한다고 주장하였다. 이 두 가지는, 만일 의례들이 "독특한 사회적 구조와 상관된 상징주의"[72]와의 역사적 연결들을 상실하게 된다면, 혹은 수세기에 걸쳐 로마 가톨릭교회가 만들었던 촘촘하게 짜인 "부족 공동체"(tribal community)[73]와의 연결들을 상실하게 된다면, 그 결과로 나타날 것이라고 인류학

---

70 Ibid., 317.
71 Ibid., 317, 319.
72 Douglas, *Natural Symbols*, 6. 그녀의 다음과 같은 언급을 참고하라. "사회 집단이 그 구성원들을 강한 공동체적 유대감으로 장악할 때, 종교는 의례 담당자가 된다. 이 장악력이 느슨해질 때, 그 의례 역시 쇠퇴한다. 또한 형식의 변화에 따르는 교리의 변화도 나타난다"(13).
73 Turner, "Ritual, Tribal and Catholic," 525.

자인 메리 더글러스와 빅터 터너가 예견했던 것들이다.

그러나 아마도 시사해 주는 바가 가장 많은 부분은 설(Searle)의 보고서 맨 마지막 부분일 것이다. 이 부분에서 메리 더글러스나 빅터 터너와 같은 인류학자들의 결론들은 로버트 벨라와 같은 사회학자들의 결론과 연결된다. 설은 "반의례주의"가 "개인주의"와 결합하여 제2차 바티칸 공의회 이후의 가톨릭 의례를 파탄 직전에 놓이게 했다고 말한다.

> 벨라는 개인주의를, 곧 선하고, 참되며, 가치 있고, 도덕적인 것이 무엇인지에 관한 최종적 기준으로서의 자기 편의주의를 서구, 특히 북미 문화의 특징으로 보고 있다. … 개인주의의 증거가 직접 나타나지 않는 곳에서조차도 이 질문은 우리의 연구 자료들에 큰 그림자를 드리우고 있다.
> 예를 들어, 사람들이 의무감 때문이 아니라, 그들이 하나님과 함께 있는 것이 좋으므로, 혹은 예전에 참여하는 것이 좋으므로 미사에 간다고 말한다면, 이것은 앞으로 한 걸음 나가는 것일까, 혹은 뒤로 한 걸음 물러나는 것일까?
> 이 연구에서 전반적으로 볼 때 … 미국의 가톨릭 신자들은 특성상 가톨릭 신자가 되어 가기보다는 특성상 미국인이 되어 가는 과정에 있다는 강력한 증거들이 있다. 달리 말하자면, 가톨릭 특유의 정체성을 대가로 지불하면서 문화적 동화가 일어나는 듯 보인다. 그 결과 가톨릭 신자들은 도덕적, 정치적, 사회적 태도 면에서 인구의 다른 구성원들과 구분될 수 없는 존재가 되어

가고 있다. 예전(liturgy)에 관한 한 이 현상은, 그 예전을 통해 반복하여 익혀야 한다고 여겨지는 집단적 정체성과 집단적 책임감으로부터 점차 멀어지고 있다는 것을 의미한다. 이는 예전적 행위의 온전성에 위협이 된다. 다시 말해 가톨릭 신자들이 가톨릭교회를 둘러싼 더 큰 문화의 부정적 측면들에 맞설 수 있도록 예전을 통해 그들을 단련시키기는커녕, 예전 자체가 그런 영향들에 실제로 굴복하게 될지도 모른다.[74]

위 인용문의 강조 부분은 의례와 종교적 헌신에 관한 연구들을 다소 좁은 의미로 읽어낸 결과로 얻어진 무언의 가정들로 가득하다. 설이 요약 보고에서 말했던 내용의 많은 부분은 확실한 인류학적 데이터나 사회학적 사실보다는 부수적 의견(*obiter dicta*)에 근거한 "안이한" 것들로 보인다.

---

[74] Searle, "The Notre Dame Study of Catholic Parish Life," 332-333. 설은 다음과 같은 강조점을 첨가한다. 주목할 것은 벨라와 그 동료들이 내린 결론은 설이 교회 생활에 있어서 "단호한 미국적 개인주의"가 미치는 끔찍한 영향들에 관해 내린 결론과 반드시 일치하지는 않는다는 점이다. 그들은 이렇게 썼다. "종교적 개인주의는 세속적 개인주의만큼이나 사라지지 않는다. 우리의 사회는 사람들에게 강해지고 독립적이 되라고 요구한다. 믿는 자로서 우리는 종종 우호적이지 못한 환경에서 홀로 살아가야 하고, 동시에 그렇게 할 수 있는 내적인 영적 힘과 훈련을 유지해야 한다. … 생명력 있고 지구력 있는 종교적 개인주의는 기존의 종교 제도 혹은 종교 기구와 갱신된 관계 속에서만 생존할 수 있다. 이러한 갱신된 관계는 양쪽 모두에게 변화를 요구한다. 교회와 종파들은 자신들의 생각보다 훨씬 더 자립성을 유지할 수 있다는 것을 배워야만 하며, 종교적 개인주의자들은 공동체 없는 고독이란 단지 외로움일 뿐이라는 것을 배워야만 할 것이다."(Bellah, *Habits of the Heart*, 247-48).

예를 들어, "북미" 문화가 통계학상 현대 유럽 혹은 아시아의 문화들보다 더욱 자기 편의적이라는 것을 어떻게 증명할 수 있는가?

사실상, 문화에 관한 그런 광범위한 일반화가 가능하기나 한 것일까?

미국만 해도 많은 문화와 하부 문화들이 공존하고 있으며(물론 항상 편안하게 공존하는 것은 아니지만), 또한 대충 "미국 문화"라는 표현이 가능할지는 모르나, 그것이 뉴욕의 그리니치 빌리지에서의 도시적 삶을 뜻하는지, 혹은 노스 다코타의 작은 시골 마을의 삶을 뜻하는지에 따라 크나큰 차이가 있을 수 있기 때문이다. 설은 다시금 다음과 같이 말한다.

> 가톨릭 신자들은 도덕적, 정치적, 사회적 태도 면에서 인구의 다른 구성원들과 구분될 수 없는 존재가 되어 가고 있다.[75]

이는 사실일 수도 그렇지 않을 수도 있는데, 이러한 주장은 미묘한 차이를 유발할 수 있다.

예를 들어, 만일 신뢰할 만한 여론 조사를 통하여, 미국 가톨릭 신자들 대다수가 교회 지도자들이 인위적인 산아 제한 방법을 승인해야 한다거나, 학교에서 성적으로(sexually) 성숙한 십대 청소년

---

75 설은 다음과 같이 지적하고 있다. 미국 가톨릭 신자들에 관하여 "일반화 하는" 언급을 할 때면, Notre Dame Study는 자신들이 수집한 데이터에 의존한 것이 아니라 다음의 연구 결과를 의존하였다. "General Social Survey undertaken by the National Opinion Research Center in Chicago"(Searle, 312).

들이 콘돔을 구할 수 있도록 해야 한다고 생각한다는 사실이 "증명"된다면, 이는 어떤 의미인가?

교황청의 관료들에게 이러한 생각들은 "가톨릭이라기보다는 그 특성상 미국적인" 것으로 들릴 것이다. 그러나 시카고 교외에 사는 신자들에게 이런 생각들은, 신앙의 관점에서 보아도, 건전한 상식 혹은 건강한 성숙함으로 들릴 것이다.

"고교회파" 진영의 수많은 예배학자와 마찬가지로 설은 교회론적 관점(미국 가톨릭 신자들은 전통적인 의미의 교회이기보다 단순히 자발적인 모임이 되어 가고 있다는 관점)을 세우기 위하여 사회-인류학적 범주(문화적 동화)를 차용했다.[76]

요컨대 제2차 바티칸 공의회 이후의 예전이 무미건조하고, 기계적이며, 무력한, 싸구려 즉흥 작이라는 비판은 이내 동시대 문화에 대한 비판이 되었다. 예전을 "조종"하는 "특정 이해 집단들"이, "성별, 나이, 인종, 문화, 경제적 지위 혹은 정치적 소속을 극복하며 가장 다양한 집단들과 개인들이 함께 수행할 수 있었던 장엄하고 객관적인 창조물"[77]을 파괴하고 있다는 비난을 받고 있다. 그는 계속해서 이 치명적인 결과들이, 우리가 "문화를 예전에" 적용하기보다 "예전을 문화에" 적용할 때마다 나타난다고 주장한다.

---

76 다음과 같은 지적도 가능하다. 정확하게 말하자면, 교회는 그 기원에 있어서 부활하신 예수의 메시지를 믿고, 그 믿음을 말씀과 성례전으로 수행하고자 하는 사람들로 구성된 "자발적인 연합"이었다.

77 Turner, "Ritual, Tribal and Catholic," 525.

"예전 비평은 문화 비평이 된다"는 것에 관한 아주 좋은 예를 에이든 카바나의 논문인 "예전의 문화화: 미래를 생각해 봄" (Liturgical Inculturation: Looking to the Future)[78]에서 찾아볼 수 있다. 카바나는 "복음보다는 시민 종교로부터 그 힘을 끌어내는" "중산층의 경건함"[79]을 꾸짖고 있다. 그는 주장하기를, 그러한 경건함은 복음을 "새로운 중산층의 가치들 … 풍요가 가져다주는 편안함, 인정된 집단에 소속하기, 소비주의, 현실감을 상실한 듯 보이든 일반적인 낙관주의"[80]로 재(再)문화화하는 지경에 이르렀다고 한다. 그는 계속해서 이러한 소비주의적 문화가 근본적으로 성례존중의 감성에 적대적이며, 경박하고 장황한 예전들을 만들어 낼 것이라고 경고하고 있다.

> 우리나라 교회들의 경우 이에 해당하는 징후들은 다음과 같은 경향으로 나타나고 있다. 중산층 평신도들을 "성직자화"(ministerialize) 하는 경향, 입당 의식을 함께 모여 환영의 인사를 나누는 순서로 전환해 버리는 경향, 이러한 인사 나누기 순서는 참여하기, 만나기, "소리 내어 말하기" 등과 같은 중산층의 가치를 향유하면서 인정받는 공동체를 만들기 위하여, 새롭게 등장한 중산층 평신도 성직자들에 의해 수행되고

---

[78] Aidan Kavanagh, "Liturgical Inculturation: Looking to the Future," *Studia Liturgica* 20:1 (1990), 95-106.

[79] Ibid., 102.

[80] Ibid.

있다. 위의 두 가지 시도를 "공동체를 생성하기 위한" 수단으로 활용하는 경향 … 이는 예전 안에서 회중들이 나누는 소통의 주요한 매개 수단이, 예전의 수행과 상징의 사용으로부터 구술 언어로 넘어가고 있다는 것을 의미한다. 우리의 새로운 교회 건물에서 성상들이 사라지고 있으며, 그 대신 화분에 심은 꽃나무들로 장식된 쇼핑몰과 유사한 공간이 되고 말았다. 이런 경향들은 성례존중의 마음과, 예배에서 공동체를 초월하면서 또한 공동체와는 구분되는 그 무엇으로서의 신적 현현에 대한 감지를 방해한다.

여기에 예전의 언어와 하나님의 이름을 부르는 방식을 일방적으로 바꾸려는 시도들이 더해지면, (물론 이전의 방식이 공격적이고 잘못된 경우라면 이해할 수 있지만) 예전은 그리스도 안에서의 살아계신 하나님의 놀라운 현현 앞에 복종하며 서는 행위가 아니라, 이념적으로 승인된 목적과 수단에 대한 중산층 집단의 의식을 고양하기 위한 힘겨운 변증법적 노력으로 많은 사람에게 인식되는 지경에 이른다.[81]

여러 측면에서 카바나의 문화 비평은 터너의 논문인 "의례, 부족민, 그리고 가톨릭"에 나타난 터너의 "인류학적" 주장들을 확대 및 업데이트한 것이다. 이 두 학자는 "개인의 종교적 낭만주의,

---

81 Ibid.

정치적 기회주의, 집단적 천년왕국설이 갖는 해체의 힘들"[82]이 하나로 결합된 결과, "예배 안에서 서로 다른 배경을 가진 사람들을 하나의 신비한 몸으로 묶어 주는 의례적 유대들"이 심각한 해체의 위기에 처했다고 확신하는 것 같다.

그러나 카바나는 여기서 한 걸음 더 나아가 이러한 결과들은 문화가 컬트(cult)를 이기도록 허용될 때 항상 일어날 수 있다고 주장한다. 그는 계속해서 말하기를, 문제는 예전 갱신의 방법이나 수단에 있는 것이 아니라, 그리스도인들이 "매우 나른해진 삶의 방식의 문화 … 기억이 오래 지속되지 못하는 문화, 변증법적 추상을 지향하는 경향의 문화, 복음이 원하는 놀랍도록 급진적인 요구에 대해서는 전혀 관심이 없는 문화"[83]를 비판 없이 받아들이는 데 있다고 한다.

"예전 비평"을 "문화 비평"으로 전환하는 이런 경향은 계몽주의에 대한 가톨릭의 반응에 그 뿌리를 두고 있다고 말할 수 있을 것이다. 적어도 그 시대 이후로, 교회의 관료 집단은 그것이 문화적인 형태이든 혹은 제의적 형태이든 모든 형식의 모더니티(modernity)에 대해 끈질기게 저항해 왔다. 예를 들어, 피스토이아 교회대표자회의(the Synod of Pistoia, 1786)가 가톨릭 예전의 몇몇 측면들을 개혁하려고 시도했을 때, 그 강령들은 교황의 대칙서인 "신앙의 주인"(*Auctorem fidei*)에 의해 정죄를 받았다.[84]

---

82 Turner, "Ritual, Tribal and Catholic," 525-26에서 인용.
83 Kavanagh, "Liturgical Inculturation," 102.
84 피스토이아 교회대표자회의는 그 무엇보다도, 각 교회 안에는 제단이 하나

이제, 그 후로 두 세기가 지난 지금, 모더니티의 도전은 여전히 로마 가톨릭교회의 아킬레스건으로 남아 있음이 명백한 듯 보인다. 이에 관하여 철학자 앨버트 보그만(Albert Borgmann)은 이렇게 쓰고 있다.

> 로마 가톨릭교회는 모더니즘(modernism)하에서 끔찍하게 고통당하고 있다. 로마 가톨릭교회 역사상 최초로 주변 문화를 인정하고 축성할 수가 없게 되었다. 그래서 처음에는 사고하고 집을 짓는 일에 있어서 중세적 방식으로 돌아가 세속과는 일정한 거리를 두었지만, 정작 교회의 운영 방식은 모더니즘의 공격적이고 방법론적인 경향들을 따랐다. 20세기의 후반에 들어 로마 가톨릭교회는 교회의 공동 질서 안에서 민주주의를 받아들여 구속하는(redeeming) 임무를 감당할 수 없다는 점을 스스로 증명하면서 가톨릭교회가 남긴 문화적 자산을 내버리고 말았다.
>
> 로마 가톨릭교회의 성직자단은 현실을 회피하고 공동체를 경시하면서도, 신성함은 고수하기를 원한다. 결국 교회의 중심부는 병들어 앓고 있으나 주로 교회의 주변부 및 디아스포라에서만 생명을 유지해 가고 있다.[85]

여야 하고, 교구 미사는 매 주일 한 번씩만 수행되어야 하며, 예배 중에는 자국어가 허락되어야 한다고 주장했다. *Auctorem fidei*는 교황 비오 6세(Pope Pius VI)에 의해 1794년 8월 28일에 반포되었다.

85 Albert Borgmann, *Crossing the Postmodern Divide* (Chicago: University of Chicago Press, 1992), 145.

보그만은 이런 교착 상태에서 벗어날 길은 있다고 제시한다. 또한 맨해튼에 있는 '성 요한디바인 성공회 대성당'(the Episcopal Cathedral of Saint John the Divine)의 신자들과 같은 일부 용감한 회중들이 그 길을 찾은 듯 보인다고 말한다. 포용적이고 환대하는 이 공동체에서, 핵심적 현실(focal reality)[86]은 예술, 예전의 수행, 주변 공동체를 향한 보살핌 속에 살아 있다.

성 요한대성당의 신자들은 신성함이란 현실이 되어야만 하고, 한때는 종교의 딸이었던 예술이 이제는 그 자매가 될 수 있다고 보았다. 진정한 예술은 핵심적 현실이 드러난 것이고, 그 자체로서 신성한 것인데, 잠정적이라 해도 그러하다는 것이다. 성당 안에 예술을 들여놓았을 뿐만 아니라, 예전의 일부가 되었다. 성당 안에 무용단과 악단이 있다. 성당 안에 전속 화가들도 있고, 장인들의 공방들도 있다.

신성과 현실이 공동체에 영감을 준다. … 우리가 성스러운 예식에 초대받아 활기를 얻게 되면, 그때 우리는 약자들이 스스

---

[86] 보그만이 말한 "핵심적 현실(focal reality)"이란 "몸과 마음을 지배하는 것으로서, 우리 삶에 중심이 되는" 사람들과 대상들과 사건들이다. "지휘하는 존재, 세상과의 연속성, 집중시키는 힘이 핵심적인 것들(focal things)의 상징이다. 그러나 이것들이 보증은 아니다. 왜냐하면 핵심적인 것들은 스스로를 보증하기 때문이다. 부엇이는 인간의 수행을 통해서만 핵심적인 것들이 될 수 있다. 예를 들면, 하이킹 할 때의 황무지, 털을 다듬고 훈련하고 승마할 때의 말, 낚시할 때의 낚싯대가 여기에 해당한다. 핵심적 현실은 사물과 수행 사이의 대칭적 균형을 통해 생명을 유지한다. 또한 자연과 기술과 예술들은 인간의 수행에 맡겨져 있는 것들이다. 인간의 기술은 지휘하는 존재와 상응하는 것이며, 인간의 헌신은 세상과의 심오한 일관성에 부합하는 것이다."(Borgmann, *Crossing the Postmordern Divide*, 119-20), 121).

로 두 발로 서서 우리와 함께할 수 있도록 그들을 돕고 싶어진다. 그토록 많은 사람이 걸을 수조차 없는 상황에서 문을 여는 것만으로는 충분치 않다. … 따라서 성 요한대성당의 신자들은 주린 자들을 먹이고, 노숙자들에게 쉼터를 제공하며, 가난한 사람들을 위한 주택을 건설하고, 젊은이들을 돌보는데, 그들이 성당 예배에 참여하는 자이든 아니든 상관없이 돌본다.[87]

그리하여 보그만이 "핵심적 현실"이라고 부르는 것은, 그리스도인들이 복음이나 현대의 삶 그 무엇도 손상하지 않으면서, 모더니티와 협상할 수 있는 수단이 된다. 보그만은 이렇게 결론짓고 있다.

이 나라에서 로마 가톨릭의 갱신은 민주적 평등 및 동시대의 문화와 좋은 관계를 맺을 수 있는지의 여부에 달려 있다. 이것은 포스트모던 시대의 성령이 우리에게 행하라고 명령하는 내용이다.[88]

5. 요약

"문화 비평으로서의 예전 비평"이라는 입장, 곧 마크 설과 에이든 카바나로 대표되는 입장이 의례에 관한 "주류" 인류학자들의

---

[87] Ibid., 145-46.
[88] Ibid., 146.

관점, 곧 빅터 터너와 메리 더글러스로 대표되는 관점과 맺고 있는 연관성은 매우 명백하다. 즉 전통, 권위, 집단적 가치들의 검토와 갱신(그리고 제의에서 상징적 구현), 말로는 표현할 수 없는 고통의 공적 소통, 의례의 유형들이 갖는 합의되고 반복적이며 변할 수 없고 엄격하게 규범적인 본성, 궁극적 현실을 전유하는 수단으로서의 모호한 상징들이다. "고교회파" 진영의 "합의에 이른" 관점으로 보자면, 이 모든 특징은 의례를 인류학적 범주와 예전의 범주에 속하는 것으로 규정한다.

이 학자들은 모두 의례의 일차적 목적이 문화적으로 조건 지어진 상징체계를 통하여 의미를 사회적으로 생산해 내는 것이라고 상정하는 듯 보인다. 이런 의미들은 의식(rite) 속에 코드화되어 있으며, 이는 의례의 상징들을 통해 가능해진다. 그러나 상징들은 궁극적으로 참여자들이 조종하거나 통제하는 힘 밖에 있다.

이런 근본적인 의미에서, 예전, 예배와 같은 의례는 미시간대학교의 인류학자 로이 라파포트(Roy Rappaport)가 사용하는 용어를 원용해 보자면, 규범적(canonical)인 것이다. 이는 그 의미들이 변하지 않고 반복적인, 예전의 패턴들 속에 권위 있게 코드화되어 있다는 것을 의미한다. 라파포트는 다음과 같이 쓰고 있다.

> 의례를, 다른 수단을 통해서 그 못지않게 혹은 그 이상으로도 충족될 수 있는 어떤 기능들을 충족시키는 하나의 수단으로만 보거나, 다른 방법으로도 그 못지않게 혹은 어쩌면 더 잘 표현할 수 있는 내용을 표현하기 위한 대안적 상징 매개로만

보는 것은 명백하게 의례 자체의 독특성을 무시하는 일이다. … 의례는 단지 어떤 것들을 표현하는 대안적 방법이 아니다. … 어떤 것들은 의례 안에서만 표현될 수 있다.

나는 의례를, 하나의 형식 혹은 구조로 놓고, 형식을 갖춘 행동 및 발화(發話)들을 대략 변치 않는 흐름을 따라 수행하는 것이라고 정의한다. 여기서 형식을 갖춘 행동 및 발화는 수행자에 의해 코드화되는 것이 아니다.

"예배의 순서"라는 용어는 … 각각의 의례 절차들에 형식을 제공하기 위한 말과 행동의 정해진 흐름뿐만 아니라, 동시에 … 계절의 변화를 따라, 그리고 탄생에서 죽음에 이르기까지 이어지는 인생의 길목을 따라, 혹은 전쟁과 평화가 교차되는 내내, 혹은 호주 사막 지대를 가로지르는 꿈의 길을 따라, 사람들을 인도하는 정해진 의례의 흐름까지를 포함한다.[89]

라파포트에게 의례란 '기본이 되는 사회적 행동'(the basic social act)이다. 따라서 의례의 구조에 있어서 "사회적 계약, 도덕성, 성스러운 것에 대한 개념, 신성한 것에 대한 개념, 그리고 심지어 창조의 패러다임"[90] 등이 본질적인 것이다.

따라서 의례의 어떤 메시지들, 참여자들이 그들 자신에 관하여 자신들과 다른 사람들에게 전달하는 일시적이고 변할 수 있는

---

89 Roy A. Rappaport, "The Obvious Aspects of Ritual," in *Ecology, Meaning and Religion* (Richmond, Calif.: North Atlantic Books, 1979), 174-76.

90 Ibid., 174.

정보들로 구성된 메시지들, 예를 들어 그들의 육체적, 심리적, 사회적 상태 등에 관한 메시지들은 문맥에 따라 달리 해석될 수 있지만, 그 가장 깊고 지속적인 메시지들, 눈으로 볼 수는 없으나 상징들을 통해 전달되는 궁극적 실재에 관한 메시지들은 규범적인 것(canonical)이다. 규범적 메시지들은 참여자들에 의하여 고안되거나 코드화되지 않는다. 그것들은 의식(rite)에 의해, 의식 속에서 이미 주어진 것으로서 "찾아"지거나 "발견"된다.

카바나도 이런 입장을 고수하고 있다. 예전이 규범적이라고 말하는 것은 다음과 같은 뜻이다.

> 예전은 규칙으로 통제되는 예술(art)이다. … 모든 의례 체계는, 존재론적으로 그리스도교의 것이든 그렇지 않든, 이런 원칙에 기초하고 있다. 왜냐하면, 의례와 같이 고도로 복잡한 사회적 예술은, 그것이 참여를 위한 절차가 되기 위해서는, 통상적인 기대에 따라 규정된 순서를 유지해야만 하기 때문이다. … 이런 규범이나 규칙을 무시하는 일은, 그것이 그 순간에 제아무리 그럴듯해 보일지라도, 회중들을 각자 나름의 막다른 골목으로 인도하게 될 위험성이 가장 높은 일이다.[91]

따라서 의례의 의미란 상징적이고, 지속적이며, 변하지 않고,

---

[91] Aidan Kavanagh, *Elements of Rite: A Handbook of Liturgical Style* (New York: Pueblo, 1982; Collegeville: The Liturgical Press, 1990), 55. 또한 Roy A. Rappaport, *Ecology, Meaning and Religion*, 179를 보라.

인간의 힘과는 궁극적으로 분리된 그 무엇이다. 그것은 참여자들에 의하여 만들어지는 것도 아니고, 참여자들의 감정에 지는 것도 아니며, 반복 때문에 고갈되는 것도 아니다. 진정한 의례의 상징들과 스타일들은 역사적인 것이며, 따라서 문화적 변화와 변형 때문에 형성되는 것이다. 카바나는 이렇게 경고하고 있다.

> [그럼에도 불구하고, 우리는] 예전을 문화에 적용하기보다 문화를 예전에 적용해야 한다. … 예전이 최신 유행의 손에 의해 죽임을 당하거나, 반대로 예전이 최신 유행을 죽일 수도 있다.[92]

이상에서 살펴본 내용이, 로마 가톨릭의 "고교회파" 예배학자들이 인류학자들의 연구들로부터 의례의 뿌리를 찾으려고 시도한 끝에 도달한 의견의 일치이다. 물론 이러한 견해들은 도전받아 왔다. 이제 제2장에서는 로널드 그라임스와 같은 의례 연구 학자들, 데이비드 커처(David Kertzer)와 같은 가족 제도 연구 분야의 학자들, 탈랄 아사드(Talal Asad)와 같은 역사학자들이 "고교회파의 의견 일치"에 관하여 내어 놓은 비판들에 대해 탐구해 볼 것이다.

---

92 Kavanagh, *Elements of Rite*, 56, 103-4.

LITURGY

AND

THE SOCIAL SCIENCES

제2장

고전적 견해에 대한 비평

1. 의례의 황무지?

메리 더글러스(Mary Douglas)는 자신의 저서 『자연 상징』(*Natural Symbols*)의 "비인격적인 규칙들"(Impersonal Rules)이란 장의 마지막 부분에서 이렇게 쓰고 있다.

> 세속적 세계관은 근대에 이르러 나타난 것이 아니라, 집단(group)의 경계들이 흐려지고 개인 중심적 격자(grid)가 강해질 때 나타나는 것이다.[1]

---

1 Mary Douglas, *Natural Symbols: Explorations in Cosmology*, paperback edition, with new introduction by the author (New York: Pantheon Books, 1982 [1970]), 139. 더글러스(Douglas)에게 "집단"이란 "연합된 사회 단위의 경험"을 의미하고, 또한 "격자"란 "한 사람이 자아-중심적으로 다른 사람들과 관계를 맺게 하는 규칙들"을 의미한다(viii).

더글러스는 많은 근대문화들이 가지고 있는 반(反)의례주의적 경향을 뉴기니 섬의 저 유명한 "카고 컬트"(cargo cults)에 견주고 있다. "카고 컬트"는 다른 천년왕국 운동들과 마찬가지로 "황금시대로 이끌어줄 급진적인 새로운 의식(rite)"[2]을 찾다가 기존의 의례들을 다 내다 버렸다. 그럼에도 불구하고 카고 컬트는 다른 천년왕국 운동들과 결정적으로 구분되는 점이 한 가지 있다.

> 대부분의 천년왕국 운동들은 사회의 물질적 가치들을 거부하고, 이를 대단히 다른 무언가로 변형시키려고 한다. 그러나 카고 컬트는 당대의 물질적 가치들을 드러내 놓고 받아들인다. 특히 이들은 추종자들에게 물질적 가치를 성취하는 수단을 제공하고자 노력한다.

더글러스의 연구 관찰에 따르면,

> 카고 컬트는 새롭고 보다 유익한 연결들을 찾기 위하여, 기존의 모든 책임들과 관계들을 해체시켜 버리는 특별히 강력한 의식(rite)으로 여겨지고 있다. 우리가 사회적 상황을 신체적 상징으로 재생하려는 경향에 대하여 연구했던 그 관점에서 볼 때 몸 떨기, 광란, 난교(亂交) 등이 대부분의 카고 컬트 의례에서 나타난다. … 나의 가설은, 자기중심적 격자 구조로 과도

---

2 Ibid., 137.

하게 집중된 사회는 그 내재적인 도덕적 취약성으로 인하여 계속해서 실패를 반복하기가 쉽다는 것이다. 이런 사회는 그 모든 구성원이 소수자를 배려하는 평등주의적 원칙을 지속하여 지키면서 살아가도록 할 수가 없다. 즉 집단적 양심을 상징화하거나 활성화할 방법이 없는 것이다. … 따라서 카고 컬트와 그 원형들은 전통적 구조 자체에 대항하는 혁명의 컬트가 아니라, 사회 구조가 작동하는 방식에 대항하는 반역의 컬트인 것이다.[3]

다시 말하자면 카고 컬트들(그리고 이와 유사한 반의례주의적 운동들)은 물질적 이익들(그리고 이를 생산해 내는 사회적 구조들)을 유지하기 원하면서, 전통적 책임과 도덕적 규제와 관계들(그리고 이들을 지탱해 주는 의례들)은 거부한다. 이 쌍둥이 목적들은 양립할 수 없다. 이 둘은 필연적으로 문화적 혼란을 거쳐 결국 사회적 해체에 이르게 된다. 이런 종류의 역사적, 인류학적 데이터를 사용하여 더글러스는 우리가 고대와 근대에 나타난 반의례주의의 주요 근원을 밝혀 볼 수 있다고 주장한다.[4] 여기에는 네 가지가 있다.

① 급속한 사회적 변화는 언급할 필요조차 없는 명백한 근원이다.
② 우주론의 변환, 즉 "의례주의에 대한 신념으로의 변환."[5]

---

3 Ibid., 138-139.
4 Ibid., 140-155.
5 우주론의 변환을 통해 갖게 되는 새로운 관점은 "죽은 의례에 대한 혐오감을

③ 폭력, 즉 사회적으로 억압당하거나 권리를 박탈당한 사람들이 인간이 아닌 사물이나 자동화 기계처럼 취급당할 때마다 나타나는 폭력.[6]

④ **열광**(enthusiasm)의 의례들은 인정하면서도 **차별**의 의례들은 거부하는 저항 운동들에서 나오는 후유증.[7]

더글러스는 다음과 같이 결론을 내리고 있다.

> 오늘날에 나타나는 분명한 반의례주의는 [사실상] 한 종류의 종교적 상징체계를 다른 체계로 바꾸어 선택하는 것이다.[8]

더글러스는 반의례주의가 실제로 이전의 상징들, 즉 이제는 무시당하거나 그 신뢰를 잃은 옛 상징들을 새롭고 향상된 형태로 대체한 것이라고 결론을 내리는데, 이러한 결론을 옹호하는 입장에

생성한다. 그 사람이 어떤 방향으로 움직여 왔든지 간에 … 거기에는 포기해야만 하는 낡고 무의미해진 의례 더미가 있기 마련이다. … 그리하여 사회 변화가 많아질수록 우주론에서의 보다 급진적인 변화가 많아지고, 변환 현상이 많아질수록 의례에 대한 훼손도 더 많아진다. Ibid., 145.

6 Ibid., 146-155를 보라.
7 Ibid., 154-155를 보라. 제1장에서 간략하게 언급했던 에이든 카바나(Aidan Kavanagh)의 다음과 같은 비판을 상기해 보라. 미국의 로마 가톨릭 신자 중 상당수는 공의회 이후의 새로워진 예배 수행에서 숭산층 평신도들이 주도적인 역할을 감당하게 함으로써 의례가 지니는 차별성들을 지우려고 노력하고 있다. 예를 들어 입당 의례를 환영의 인사로 변형함으로써 소속감, 일체감, 그리고 교제 등의 가치를 증진하고자 노력하고 있다.
8 Douglas, *Natural Symbols*, 166.

서는 많은 주장이 가능할 것이다. 그러나 미국인들은 지금 공적 의례를 박탈당한 문화, 또한 그런 의례를 통해 반복하여 익힐 수 있고 구현할 수 있다고 여겨지는 강력한 신화들과 상징들을 박탈당한 문화 속에서 살고 있다는 주장을 더 자주 듣게 될 것이다.

이렇게 "의례의 황무지"가 될 위험성에 대해서는 1988년에 미국의 비영리 방송인 PBS에서 빌 모이어스(Bill Moyers)와 신화 수집가인 조셉 캠벨(Joseph Campbell)이 공동으로 진행했던 인기 시리즈물인 "신화의 힘"(The Power of Myth)에서 논의된 바 있다. 모이어스와 캠벨은 지적하기를, 미국에는 오랜 역사를 가진 합의된 "통과 의례들"이 존재하지 않는다고 했다. 따라서 청소년들은 사춘기에서 청년기로 넘어가는 위태로운 전환에 대하여 의례적으로 협상할 수 있는 그 어떤 분명한 방법도 가지고 있지 못하다. 미국의 문화는 의례의 박탈이 초래한 파괴적 영향들 때문에 힘을 잃은 문화이다. 해체된 가족, 폭력 범죄, 폭력 조직 만연, 마약 사용, 인종 갈등 등이 파괴적 영향들에 해당한다.

그러나 이러한 묘사는 얼마나 정확한 것일까?

보든대학(Bowdoin College)의 교수이며 가족 테라피스트(family therapist)인 데이비드 커처(David Kertzer)는 요즘 젊은 미국인들이 직면한 문제들은 심각하고 실제적이며 괴로운 것들이긴 하지만, 그렇다고 우리 사회가 모이어스와 캠벨이 이해하고 있는 것처럼 의례적 황무지는 아니라고 주장한다. 커처는 현대 미국인들이 실제로는 의례들의 풍부한 레퍼토리들을 발전시켜 왔다고 주장한다. 그러나 그 의례들의 상당수는 유대 그리스도교적 전통으로부터 나온 전통적 상징주의에 더 이상 의존하고 있지 않다.

오늘날 미국 사회를 들여다본다면 모이어스와 캠벨이 묘사한 것과 같은, 의례 없는 사회란 거의 찾아볼 수 없다. 성년기로의 전환 같은 경우에도 통과 의례를 무시하는 것이 아니라 오히려 그런 의례들이 계속하여 중심적 역할을 하고 있음을 보게 된다. 예를 들면 고등학교 혹은 대학의 졸업식은 이 나라의 많은 젊은이에게, 공식적인 가치와 비공식적인 다양한 가치들을 함께 축하하면서, 저들의 신분이 바뀌었음을 공개적으로 알려 주는 핵심적 시점이 되어 준다.[9]

커처는 계속해서, 공적 의례들은 미국 문화가 보다 커지고 복잡해짐에 따라 실제로 보다 정교하게 발전되어 왔다고 지적한다. 우리 사회가 제2차 세계 대전 종식 후 그래 왔듯이, 사회들 안에서 유동성이 점점 더 높아질 때, 의례는 함께 생활하고 있지 않은 친족 그룹들 사이의 유대를 지속하기 위한 도구로서 더욱더 중요해진다.[10]

이는 미국 내 로마 가톨릭 신자들 사이에서 특히 그러하다. 대부분이 이민자였던 저들의 선조들과는 달리 오늘날 가톨릭 신자의 대부분은 도심의 노동 계급 거주지 한 곳에서만 일생을 마치지

---

9 David Kertzer, "Lasting Rites," *The Family Therapy Networker* 13:4 (1989), 22.
10 Ibid., 25-26.

않는다. 또한 그들은 같은 교구, 혹은 같은 민족으로 구성된 교구 안에서 "세례를 받고, 결혼하고, 묻히지" 않는다. 또한 저들의 부모들이 살았던 도시나 주(州)에서 영구적으로 살아가는 것 자체가 더 이상 가장 중요한 일도 아니다.

전통적인 핵가족 구조는 전후(戰後)에 나타난 경제적, 사회적 유동성으로 인해 근본적으로 바뀌어 왔다. 더욱이 이혼(가톨릭 신자들 사이에서조차 발생하고 있는)은 이산가족과 편부모 가정의 수를 계속 증가시키고 있다. 오늘날, 그 어느 때보다도, 미국 내의 친족 체계 전체는 지리적 근접성이나 결혼의 안정성에 의존하고 있지 않다.

오히려 오늘날 미국 내의 친족 체계는 흩어져 사는 가족 구성원들을 정기적으로 불러 모으는 잘 규정된 의례적 상황들의 순환에 의존하고 있다. 결혼식, 세례식, 첫 영성체, 유대교 소년·소녀의 성년식(bar or bat mitzvahs), 기념일들, 장례식들, 추수감사절 만찬, 성탄절, 하누카(Hanukkah) 등이 여기에 해당한다. 이런 모임들에 참가하지 않거나 참가하지 못 하는 일은 "자기 자신을 가족 집단 밖의 존재로 재규정"하기로 선택했다는 것을 의미한다.[11]

요컨대, 오늘날의 가족과 친족이란 더 이상 혈연, 물리적 근접성, 전통적 의미의 직업과 경력에의 참여만으로는 규정되지 않는다. 오히려, 가족의 구성원이 되는 일은 사람들이 다 같이 모이는 의례적 행사들에의 자발적인 참여로 규정된다. 이런 의식들에 기꺼이 참여하는 일은 특정한 친족 집단과 관계를 맺게 해 주고,

---

11 Ibid., 24.

그 관계를 표현해 주는 것이 된다. 역설적으로 "의례가 박탈된" 미국에서, 의례를 통한 연대는 피보다도 더욱 진해지고 있다.

2. 새로운 의례의 출현

만약 데이비드 커처의 주장이 적확한 것이라면, 현대 문화들은 학자들에게, 즉 의례는 형식을 갖추고, 집단적이며, 전통적이고, 반복적이며, 불변의 것이고, 상징적이며, 규범적인 것으로 규정되어만 한다고 주장하는 학자들에게만 의례적으로 빈곤하게 보일 것이다.

그러나 이런 편협한 규정은 지금도 계속 성장하고 있는 인류학 및 심리학의 연구 결과를 무시하는 일이다. 이 연구 결과들은 오늘날 의례가 급증하고 있다는 사실을 보여 주는데, 이런 현상은 특별히 소외 계층의 사람들, 치유 과정 중에 있는 가족들, 세대 사이 혹은 문화 사이의 이행(transition)에 직면한 개인 혹은 집단들 사이에서 더욱 두드러지게 나타나고 있다.

의례가 죽기는커녕, "근본적으로 변화된 사회적 환경"[12]에 대하여 비판적이며 독창적으로 대응하려고 노력하는 곳 어디에서나 살아남아 있을 뿐만 아니라 건강하게 유지되고 있는 것으로 보인다. 지금 새롭게 출현하고 있는 것으로 보이는 현상은, 의례의

---

12 Ronald Grimes, "Reinventing Ritual," *Soundings* 75:1 (1992), 21를 보라.

황무지도 아니고 의례가 고갈된 문화도 아니며, 오히려 의례를 생겨나게 한 사회적 조건들이나 압박들에 대한 새로운 이해이다.

의례들이 어떻게 생성되고 진화해 왔는지에 대한 새로운 이해가 출현하고 있다. 이런 새로운 이해는 인류학자들의 연구에서 의례의 뿌리를 찾고자 했던 예배학자들이 그동안 형성하여 지금까지 소중하게 간직해 온 결론들의 많은 부분에 직접 도전한다.[13] 의례에 관한 이런 새로운 관점의 핵심적인 특징들을 요약해 보자면 다음과 같다.

① 의례들은 문화들이 더욱 복잡해지고 다양해짐에 따라, 더욱 정교해 지고 있다.

커처가 지적하듯이, 미국과 같은 다문화 사회들에서는 가족으로서의 결속이 부과되기보다 선택되는 경우가 점점 더 많아지고 있다. 유전학이나 민족적 배경만으로는 친족의 사회적 혹은 의례적 의미가 결정되지 않는다. 이런 상황에서, 더 이상 지리적 요인이나 혈연적 요인에 의해 그 유대가 결정되지 않는 가족들 사이에서는, 절기에 따른 의식들(rites)이나 생애 주기 의식들이 가족들 사이의 결속을 형성해 주는 필수적인 수단이 되는 경우가 많다. 의례가 덜 정교해지는 것이 아니라, 더욱 정교해지고 있다.

---

13 제1장을 보라.

② 의례들은 한 집단 안에서 구성원이 되게 해 주고 구성원임을 확인시켜 준다. 이렇게 함으로써 공동의 신앙이 없는 경우조차 사회적 연대를 생성해 낼 수 있다.

예를 들어, 많은 미국의 유대인들은 그 가족들과 함께 전통적인 유월절을 지키는데, 그렇다고 해서 모든 참석자가 그 종교적 의미에 정확하게 동의하는 것은 아니다. 이와 마찬가지로 크리스마스는 추수감사절을 거쳐 신년에 이르기까지 펼쳐지는 문화화된 가족 중심의 축제 절기가 되었다. 크리스마스에 수행되는 많은 공적 의식들(rites), 예를 들어 온갖 장식을 한 칠면조 요리 나누기, 오랜 친구들과의 조용한 정찬 등은 12월 25일 성육신의 신비를 기념하면서 교회가 갖는 그리스도교적 관점의 크리스마스와는 일치할 수도 있고 그렇지 않을 수도 있다.

[그럼에도 불구하고] 크리스마스 의례들은 흥청망청 요란한 카니발의 형태이든 아니면 크리스마스트리 주변에서 일어나는 이보다는 좀 부드러운 분위기이든 오랫동안 우리의 일상적인 행위를 거의 마법처럼 변화시키는 일에 복무해 왔다. 즉 우리가 어떤 사람이 되고 싶었는지를 드러내 주는 방식으로, 혹은 우리가 한때는 어떤 사람이었는지를 드러내 주는 방식으로, 혹은 우리도 모르는 사이 우리가 어떤 사람이 되어 가고 있는지를 드러내 주는 방식으로 우리의 일상적인 행위를

변화시키는 일에 복무해 왔다.[14]

역설적이게도 공동의 신앙이 없는 경우에 오히려 의례는 덜 중요해지는 것이 아니라 더 중요해지는 것인지도 모른다.

③ 의례들은 우리가 현실을 매우 특정한 방식으로 해석하도록 독려한다.

그리 멀지 않은 과거에, 공식적인 정찬(dinner)의 실행 계획, 누가 누구와 무엇을 먹는지에 대한 실행 계획은 사회적으로 중개된 힘의 관계, 즉 내부인과 외부인, 무산자와 유산자, 지배자와 피지배자 등의 관계에 대한 의례적 묘사였다.

농장에서 살던 내 가족의 경우, 주일의 정찬은 거의 항상 격식을 갖춘 식사였고, 대개의 경우 축제 분위기였다. 부모님과 조부모님, 형제자매, 숙부와 숙모들, 사촌들이 참석하는 즐거운 자리였다. 좌석 배치에 대해서는 거의 의심의 여지가 없었다. 나의 어머니와 아버지가 이 모임을 주관할 때마다 두 분은 항상 그 식탁의 "의장직"을 공동으로 차지했는데, 각각 매우 긴 식탁의 끝에 마련된 눈에 띄는 상석에 앉곤 했다. 나의 부모님은 "더 좋은" 의자, 팔걸이가 달린 의자들을 차지하셨다.

---

14 Stephen Nissenbaum, *The Battle for Christmas* (New York: Knopf, 1996), xii.

요컨대, 의례에서의 "의장직"과 그 "자리"는 나의 부모님이 이 상황을 주관하고 있다는 사실을 보여 주었을 뿐만 아니라, 결혼에 관한 부모님의 관점, 동등한 두 사람 사이의 동반자 관계를 보여 주시기도 한 것이었다. 부모님 중 한 분이 참석하지 못하는 경우 그분의 의자는 빈 채로 남겨 두었다. 가족 중 다른 누구도 이 의자를 찬탈하려고 시도하지도 않았다. 나의 부모님은 전권을 쥐고 있었다. 다른 모든 이들은 여기에 복종했다. 항상 그런 것이 아니라 그 상황에서만 그랬다. 오늘날 이런 식의 전통적인 정찬 장면들은 고루한 것으로 보일지도 모르겠다. 그러나 현실의 한 형태를 부과하는 이것들의 힘만큼은 의심의 여지가 없다.[15]

④ 의례들은 가족 같은 보다 작은 집단들을 더욱더 큰 민족적 혹은 문화적 집단들에 연결시켜 준다.

데이비드 커처는 이렇게 쓰고 있다.

---

[15] 예를 들어, 어떤 가정의례들은 오늘날 지지하거나 수용할 사람이 거의 없을, 젠더 사이의 관계들에 관한 어떤 관점들을 강화시킨 경우가 있었다. 1940년대에서 1950년대까지 내가 자라며 생활했던 인디아나 주의 시골 마을인 웨인 카운티의 대다수 가정들에서는 "남성들만의"(men-only) 식사가 제공되곤 했는데, 건초 만들기와 탈곡 등으로 매우 바빴던 농번기에 특히 그러했다. 서로 이웃하고 있는 농부들은 작물을 수확할 때 공동으로 작업하는 것이 통상적이었다. 이런 경우 날마다 정오가 되면, 농부들의 부인들이, 말 그대로 새벽부터 일어나 준비하기 시작한 거대한 밥상을 차리곤 했다. 그러나 실제로 밥상에 앉는 것은 남성들뿐이었고, 여성들은 시중을 들었다. 여성들은 남성들이 식사를 끝내고 다시 일하러 나간 후에야 식사할 수 있었다.

미국에서 우리는 민족적 소속을 나타내 주는 상징들을 가족 생활에서의 의식들(rites)로부터 분리해 낼 수 없다. 이탈리아계 미국인으로 산다는 것은 친척들의 이름을 부를 때 '논나'(nonna), '논노'(nonno), '지아'(zia), '지오'(zio) 등과 같은 의례화된 특유의 호칭을 사용하는 것과 또한 가족 정찬에서 파스타를 먹는 것을 의미한다. 요컨대, 가족의 정체성을 부여해 주는 의식들(rites)은 민족적 정체성이나 여타의 정체성을 부여해 주는 의식들과 구분되지 않는다.[16]

커처의 이런 관점이 영화 "문스트럭"(Moonstruck)에 잘 나타나 있다. 이 영화에서 우리는 이탈리아계 가족의 생활에서 주방의 식탁이 얼마나 중요한지를 볼 수 있다.

⑤ 종교 의례들은 가족 의식들(rites)의 산물이다. 그 반대의 경우는 성립되지 않는다. 곧 가족 의식들이 종교 의례들의 산물인 것이 아니다.

따라서 프로이드가 추정했듯이 최초의 "종교적" 의례는 어쩌면 그저 가족들이 나눈 정찬이었을지도 모르겠다. 이것이 어쩌면, 일찍이 이스라엘의 제사장들이란 그 가장 중요한 의무가 종교적이거나 예식적이었던, 제의를 담당하는 인물이 아니고, 단지 가족의 우두머리이거나 부족의 우두머리였

---

16 Kertzer, "Lasting Rites," 24.

을 가능성이 커 보이는 이유일 것이다.[17]

세속의 의식들(rites)에 대한 신학적인 해석 혹은 그 의식들을 성직에 관한 것으로 해석하는 일은 이후에야 나타났는데, 이는 역사적 현재를 성스러운 과거와 연결시킴으로써 기존의 사회적 제도들을 정당화해야 할 필요가 생겼을 때였다.

예를 들어, 이스라엘의 옛 베두인족 의례들과 농사 관련 의례들(유월절과 무교병)은 재해석되고, 민족적 정체성과 구원에 관한 단일한 절기로 융합되어, 점차 도시 공동체를 위한 절기로서 그 제의와 함께 예루살렘 성전에 집대성되었던 그 방식을 생각해 보라.[18] 따라서 유월절 의례들은 그 쌍둥이 주제들, 곧 노예 생활에서 탈출하는 주제와 약속의 땅으로 들어가는 주제와 함께 공적인 제의로 시작된 것이 아니라, 가축들의 생산성과 들판에서의 소출에 의존해 생활하던 가족들과 부족들이 행했던 우물 예식으로 시작된 것이었다. 가족 예식이 먼저 행해졌고, 신학적 해석이 후에 더해졌다.

⑥ 의례들은 사회적 변화를 위한 강력한 수단일 수도 있다.

문제의 의례들이 공통의 신앙체계를 대표하지 않을 때조차

---

17 Nathan Mitchell, *Mission and Ministry, Message of the Sacraments* 6 (Wilmington: Michael Glazier, 1982; Collegeville: The Liturgical Press, 1990), 19-23.

18 출 12:1-13:16은 누룩을 넣지 않은 빵과 함께 지키는 7일간의 봄철 제사(출 12:14-20을 보라)와 연계된 봄철 동물 희생제사(출 12:2-13에 언급되어 있음) 이후에 "유월절"을 지켰다고 말하고 있다.

도 그러하다. 아마도 미국의 경우, 의례가 갖는 힘을 잘 보여 준 가장 명백한 사례는 1960년대 초기에 있었던 자유집회와 항의집회 동안에 나타났을 것이다. 당시 셀마(Selma)의 거리에서 그리고 1963년 8월 28일, 링컨 기념관 앞에서 흑인과 백인, 개신교 신자들과 가톨릭 신자들, 유대인들과 이방인들, 독실한 사람과 의심 많은 사람이 1965년의 역사적인 시민권 입법을 가능케 했던 연대 시위에 참여했다. 마틴 루터 킹 박사가 주도한 항의집회의 비폭력적 의례들은 종교를 가진 사람들에게 "친근한" 것이었으나, 이 의례들에 종교적 소속이 다른 사람들이 참여한다고 해서 그 의례의 힘이 약화되지는 않았다. 따라서 의례의 힘이란 모든 참여자가 공통으로 고수하는 조직된 신앙체계에서만 나오는 것은 아니다.[19]

이상의 여섯 가지 요소들이, 로널드 그라임스(Ronald Grimes)와 같은 학자들이 새롭게 출현하는 의례라고 부르는 것의 특징을 이루고 있다. 새롭게 출현하는 의례는, 예를 들어, 로마 가톨릭 공동

---

19 여기서 어떤 이들은, 1960년대 많은 사회적 의례들이(일부는 인권과 연계되고, 일부는 반전 운동과 연계된 의례들이) 비록 그 뿌리를 대단히 모호하고 정의하기 어려운 권위와 전통에 내리고 있긴 하지만, 대단히 현실적이고 포괄적이며 또한 사회 변화의 동인으로서 효율적인 가치와 의미들을 창출해 내었다는 점에 주목할지도 모르겠다. 이는 어쩌면 의례의 권위가 반드시 엄격하고 권위주의적인 전략과 전통에서 나오는 것은 아니라는 점을 보여 주는 것일 수도 있다. 오히려 그것은 정의, 평등, 인간의 존엄성 등의 가치를 추구하는 공통의 본능에 뿌리를 둔 사람들의 느슨한 연합에서 나오기도 한다. 때로는 의례가 스스로를 보증하는 듯 보이기도 한다.

체의 여성들이 교회로서의 그들의 삶을 축하하기 위하여, 자신들의 선교에로의 소명을 축하하기 위하여, 그리고 인정받기 위해 벌였던 투쟁을 축하하기 위하여 모일 때 나타나는 것이다.

그런데 이러한 목적을 위한 그 어떠한 공적 예식도 존재하지 않는다. 또한 어쩌면 참여자들도 그들의 이런 목적을 전통적인 범주의 의례를 통하여 정확하게 표현할 수 없을 것이다. 이들은 남성들이 여전히 권력을 장악하고 있는 교회 안에서 신앙을 지닌 여성으로서의 그들의 경험을 표현하고 행동할 수 있는 정직한 방법을 찾아 더듬거리며 앞으로 나아가고 있다.

이런 여성들 사이에서 형성되고 있는 것은 저항이거나 준(準)예전(paraliturgy)이 아니라 새롭게 출현하는 의례이다. 의식들(rites)이 타당성과 효과를 지니기 위해서 아주 오래전부터 존재해야 할 필요도 없고 또 영원히 지속되어야만 하는 것도 아니다. 강력한 의례들이 즉흥적으로 만들어져서, 일정한 기간 동안, 제한된 목적들을 위하여 수행되다가 버려질 수도 있다. 실제로 모든 의례에는, 그것이 오랜 기간 지속되는 의례들일지라도, 새로 고안되는 무언가가 있기 마련이다. 이것이, 고(古) 바바라 마이어호프(Barbara Myerhoff)가 노인 공부방 프로그램에서 자체로 고안한 졸업식에 관하여 연구한 끝에 내린 결론이다.

모든 의례는 그것이 전통적인 것이든 즉흥적으로 만들어진 것이든, 종교적인 것이든 세속적인 것이든, 역설적인 동시에 위험한 작업이다. 의례들은 대단히 인위적이며 놀이적이지만,

동시에 필연적으로 그 메시지들의 절대 진리를 말하기 위해 고안된다는 점에서 역설적이다. 우리가 의례를 통하여 어떤 확신을 갖지 못하게 되면 우리가 그 의례를 만들어냈다는 사실을 인식하게 된다는 점에서 위험하다. ⋯ 즉 우리의 예식들과 우리의 가장 중요한 개념들 및 확신들 모두는 그저 단순한 고안일 뿐이라고, 달리 말해 세상에 관한 필연적 이해가 아니라 인간 상상력의 소산일 뿐이라고 인식하게 된다는 점에서 위험하다.[20]

마이어호프는 모든 의례가 궁극적으로 인간의 즉흥 작품이므로 위험하다고 주장한다. 나는 앞에서, 새롭게 출현하는 의례는 특히 사회의 주변부에서 불쑥 나타나고 있다고 말한 바 있다. 따라서 소위 "존경할 만한" 문화에 의해, 위협적이고, 주변적이며, 병들었고, 도덕적으로 타락했으며, 논란의 여지가 있거나 주류에서 벗어났다고 낙인찍히는 집단들 사이에서, 비록 형식을 온전히 갖추진 않았더라도, 풍부한 의식들(rites)을 발견하게 되는 것도 놀라운 일은 아니다.

12단계 프로그램들, 특히 'AA 모임'(Alcoholics Anonymous)과 같은 약물이나 알코올 중독 문제를 다루는 프로그램들이 잘 알려진 예이다. 회복을 위한 모임에 참여하는 소외당한 사람들 사이에서 새롭게 출현하는 의식들(rites)은 소위 "고교회파" 의례의 수직

---

20 Barbara Myerhoff, *Number Our Days* (New York: Simon and Schuster, 1978), 86.

적이고, 고도로 조직화되며, 형식적이고, 불변의 것이며, 반복적이고, 규범적이며, 권위적인 의례 전략들을 모방하는 경우가 거의 없다. 대신 이들이 수행하는 새로운 의식들은 비(非)권위적인 것들로서, 종종 예외적으로 자유롭고, 독창적이며, 익살스럽고, 비(非)형식적이며, 심지어 불경스럽게 보이기까지 하는 특징을 보이고 있다. AA 모임에서 수행되는 의례의 구조를 일별해 보면 이 점들이 잘 나타날 것이다.

AA 모임의 12단계는 회심 집중과정으로 구성되어 있다.[21] "빅북"(Big Book, 미국 초등학교 영어 교과서를 지칭하는 용어인데, AA 모임 참가자들은 애정을 가지고 자신들의 지침서를 이렇게 부름)에 의해 "영적 진보를 향한 안내들"이라고 규정된 12단계들은 법규나 규칙이 아니라 실제적인 제안들로 구성되어 있다. 그 목적은 알코올 중독자들이 "뒤로 물러섰다가" "인류의 보편적인 마음"으로 나아갈 수 있도록 도움으로써 더 깊은 회복의 단계로 인도하는 것이다. 이는 AA 모임의 공동 창립자인 빌 윌슨(Bill W.)이 즐겨 사용했던 표현이다.

알코올 중독자들이 이 모임에서 밟게 되는 12단계는 다음과 같다. 자기 비우기, 자기 포기, 더 높은 힘을 믿기(1-3단계)에 이어, 엄격한 자기 평가, "고백," 보상 및 화해의 행동 단계를 거친다(4-9단계). 소망하는 결과는 근본적인 마음의 변화이며(10-11단계), 마지막으로 아직도 알코올 중독으로 고통 받고 있는 다른

---

21 이 열두 단계를 보려면, *Alcoholics Anonymous* (New York: Works Publishing Co., 1939), chapter 5, "How It Works"(초판)을 보라.

이들과 메시지를 기꺼이 공유하는 단계(12단계)로 나아간다. 이 12단계를 통해 추구하는 것은 영적 깨달음, 심오한 인격적 변화, "존재와 의식의 새로운 상태, 인간과 하나님 사이의 '진정한 친족 관계'의 시작"이다.[22]

알코올 중독자들은 "이런 원칙들을 그들의 삶 전체를 통해 실행하도록"(12단계) 권고를 받지만, 실제로 회복의 수단과 목적들은 AA 모임(많은 참여자가 매일 혹은 적어도 일주일에 수차례 참석하는 모임)의 의례들 속에 집중적으로 담겨 있다.

모든 AA 모임들은 풍부한 의례적 요인들을 가지고 있긴 하지만, 매번의 모임은 그 형태, 길이, 주관하는 스타일에 있어서 매우 유동적이다. 각각의 AA 그룹은 적절하다고 판단되는 대로 그 모임을 자유롭게 구성한다. 통상, 한 명의 회원이 자원하여 "그 날의 모임을 진행"하지만, 그를 "주재자"라고 여기는 법은 없다. AA 모임에는 권위를 가진 감독자도 없고, 성직자도 없고, 성직 계급도 없다. 리더십은 단지 특정한 그리고 제한적인 봉사 행위일 뿐이다. 리더십에는 그 어떤 법적 역할도 포함되지 않고, 특정한 지위를 부여하지도 않는다. AA 모임에서는 권력을 참여자 모두가 자유롭게 공유하며, 결코 소수에게 부여하지 않는다. 요컨대 AA 그룹은 글자 그대로 동등한 사람들의 제자직(discipleship)이다.

---

22 E. Sellner, "What Alcoholics Anonymous Can Teach Us about Reconciliation," *Worship* 64:4 (1990), 331-48, 특히 337.

AA 모임에서 의례를 위해 사용하는 공간은 통상 빌려 쓰는 공간인데, 교회 건물의 지하인 경우가 많다. AA는 이처럼 재산을 소유하지 않는다. 그 회원들이 자발적으로 납부하는 기부금을 가지고 자체 운영해야 하는 각 그룹은 각자 자신들이 만날 장소를 찾아 대여해야 한다. AA의 오랜 전통에 따라 외부로부터의 기부금은 일체 거절하고 있다. 참여자를 위한 좌석은 예약할 수 없고 지정할 수도 없다. 참가자들이 들어와 긴 장방형의 테이블 주위에 자신이 앉을 자리를 선택한다.[23]

만일 한 참가자가 자신의 이야기를 발표하는 경우 연단이 마련되기도 하고, 회원들로부터 기부금을 걷기 위하여 바구니가 준비되기도 하지만, AA 모임에서 의례의 목적을 위해 반드시 요구되는 물건은 없다. 모임들은 알코올 중독이나 영적 성장에 관심이 있는 그 어떤 사람들에게도 "개방" 될 수도 있고, 혹은 스스로를 알코올 중독자라고 밝히는 사람들에게만 개방되는 "비공개"로 진행될 수도 있다. 통상 커피가 제공된다. 이 커피야말로 참석자들 사이에서는 일종의 거룩한 음료 구실을 하고 있다. 대체로 모임은 다음과 같은 포맷으로 진행된다.

---

23 식탁은 핵심적인 것이다. 어떤 그룹들은 의자를 원형 혹은 반원형으로 배치하기도 한다. "발표 모임들"(알코올 중독자 개인이 자신의 중독과 회복에 관하여 말하는 모임들)에서는 참석자들이 발표자를 바라보며 줄지어 앉는 경우도 있다.

① 간단한 소개 후 진행자가 잠깐의 침묵을 요청하고, "평온을 위한 기도"[24]가 이어진다.

② 한 참가자가 "AA 서문"[25]을 낭송한 후 '빅 북'에서 한 구절을 읽는데, 대개의 경우 제5장의 앞부분인 "그것은 어떻게 작용하는가"를 낭독한다. 참석자들은 오늘로 금주(禁酒) 며칠째인지를 밝히고, 이를 인정받고 박수를 받는다. 그 이후 AA의 다른 문서들을 낭독하기도 한다.

③ 토론 주제가 발표되거나 그 날의 발표자가 소개된다. 해당 단계 혹은 해당 영적 주제에 관하여 편안하게 의견을 나누는 토론 모임의 경우, 참석자 전원이 중독에서 회복되기 이전과 이후의 자신의 삶과 경험들에 관하여 숙고할 수 있도록 한다. 때로는 『12단계와 12전통들』(*Twelve Steps and Twelve Traditions*)[26]이란 책의 해당 부분을 낭독하는 일에 집중하는 단계별 모임들도 있다. 이와 비슷하게 빅 북 모임에서는 회원들이 AA 모임의 지침서를 연구하면서, 자신들의 경험에 기초한 성찰의 결과를 공유한다.

---

24 "하나님, 내가 바꿀 수 없는 것들은 그대로 받아들일 수 있는 평온함을 주소서. 내가 바꿀 수 있는 것들은 그것을 바꿀 수 있는 용기를 주소서. 또한 둘 사이의 차이를 구분할 수 있는 지혜도 허락하소서." 이 기도문은 라인홀드 니버(Reinhold Niebuhr)의 것이다.

25 이 서문의 텍스트는 AA World Services in New York이 매월 발행하는 *AA Grapevine*의 모든 호 표지 안쪽 면에서 볼 수 있다.

26 *Twelve Steps and Twelve Traditions* (New York: Alcoholics Anonymous World Services, 1960). 이 책은 AA 멤버들에게 각 단계가 어떤 의미가 있는지를 설명해 주는 일종의 준(準)공식(semiofficial) 주석서이다.

발표자가 있는 모임은 한 개인의 경험에 초점을 맞추는데, 그 사람은 술 마시던 시절의 자신의 삶은 어떠하였는지, 그 결과 어떤 일(위기, 바닥을 침, 회복)이 벌어졌는지, 금주하는 지금의 상태는 어떠한지를 발표하게 된다.

이런 이야기들을 하나의 의례로서 반복하는 것이 AA의 핵심적이며 필수적인 원동력이다. 왜냐하면, 이런 반복적인 의례 수행을 통하여 회원들은 서로 동일시하게 되고, "경험, 힘, 희망"을 공유하게 되며, AA의 으뜸가는 목표를 구현하게 되고, 금주를 계속하며, 다른 알코올 중독자들이 금주를 실천할 수 있도록 돕게 되기 때문이다.

④ 다음번 모임의 진행, 커피 준비, 신규 참여자 환영 등을 위한 자원봉사자들을 선정한 후, 모임은 대개 참석자들이 손에 손을 잡고 주기도문을 암송하는 것으로 마무리된다.

이런 모임들은 못 말리게 무계획적인 것으로 보일지 모르나, AA 모임들은 강력하고, 내적으로 잘 통제되는 의례들로서, 참가자들에게 다음의 여섯 가지를 반복적으로 제공한다.

① 지지
② 도덕적 안내
③ 도덕적 비평
④ 양육
⑤ 치유

⑥ 화해

준비 없이 즉석에서 공유되는 이야기들은, 실제로는 다음과 같은 친숙한 의례적 표현들로 추임새가 덧붙여지는 의례적 구조이다. 예를 들어,

"이것도 지나갈 거예요."

"계속 돌아오세요."

"편하게 하세요."

"서로 자기 방식대로 살아가는 거죠."

따라서 이 모임들은 고도로 의례화된 모임인 동시에 철저하게 평등한 모임이다. 이 모임들은 가슴으로 행해지는 상징적 행위들로 구성되어 있으나, 그렇다고 하여 낯선 외부인이나 신입 회원을 배제하지는 않는다.

AA 모임에서는 알코올 중독을 이해하기 위한 가장 주된 은유로서 죄가 아닌 질병을 사용한다. 바로 이 은유를 사용한다는 사실이, 모임 안과 모임 밖에서 일어나는 의례적 행위를 형성해 준다. 회원들은 이렇게 말하기를 좋아한다.

"우리는 착해지려고 노력하는 나쁜 사람들이 아닙니다. 우리는 병이 나으려고 애쓰는 아픈 사람들입니다."

이 점은 회복 중인 알코올 중독자가 제5단계에 도달하는 과정에서 특히 두드러지게 나타난다.

"우리는 하나님께, 우리 자신들에게, 그리고 다른 사람들에게, 우리의 잘못된 점이 정확하게 무엇인지를 인정합니다."

이 단계는 죄의 고백이라기보다는 화해로 이어지는, 삶에 대한 두려움 없는 재평가이다. 제5단계의 목적은 자기 비우기가 아니라 "눈물의 주석"(Exegesis of tears)이다. 여기서 눈물의 주석이란 자신의 고통을 통하여 고통이나 실패에 절대 굴복하지 않으시는 하나님을 찾기 위한, 체로 걸러내는 작업을 말한다. 이 단계의 목표들은 술을 마시고 싶은 충동으로부터, 자기중심의 굴레로부터, 공포의 지배로부터 해방되는 것이다.

이 "눈물의 주석"은 홀로 행하는 자기 평가도 아니고,[27] 자기 연민의 행위도 아니다. 이는 하나님과 다른 사람들 앞에서 수행되는 전(全) 존재에 대한 엄격하고 의례적인 탐험이다. 제5단계는 신뢰하는 파트너와 함께 수행하게 되는데, 이때 파트너는 AA 모임의 후원자(안내자 혹은 멘토), 노련한 카운슬러, 의사, 심리학자, 혹은 성직자 중 한 사람이 된다. 이 단계는 보통 짧은 기도로 시작하여, 해당자의 자산과 책무에 관한 철저한 검토 및 토론이 이어지며 실제로 여러 시간이 걸리는 경우가 많다. 이후 이를 모두 "경청한" 사람들로부터의 긍정적인 말 혹은 몸짓으로 마무리된다.

그 후 중독자는 한 시간 정도를 홀로 조용히 보내면서 하나님께서 자신의 성격적 결함들을 모두 제거해 주시기를 겸손하게 간구하게 된다(제6단계). 이 숙고의 시간은 제7단계의 기도로 끝이 난다.

---

[27] *Alcoholics Anonymous*, 84.

창조주 하나님, 저는 이제 당신께서 저 자신을 온전히, 장점도 허물도 받아 주시기를 소망합니다. 이제 저는 하나님이나 다른 이들에게 쓰임 받는 것을 가로막는 나의 모든 성격적 결함을 하나하나 제거해 주시기를 기도합니다. 제가 당신의 명령을 따라 이곳에서 나갈 때 저에게 힘을 주소서. 아멘![28]

데이비드 커처의 연구 및 AA 모임과 같은 12단계 프로그램 그룹들의 의례적 레퍼토리에서 발견된 이상의 예들은 제1장에서 간략하게 소개했던 의례의 기원 및 특성에 관한 "고교회파의 의견 일치"가 종종 세속 사회와 종교의 콘텍스트 모두에서, 그리고 주류 및 주변 문화 모두에서 새롭게 출현하고 있는 힘있는 의례들을 종종 무시하고 있다는 사실을 잘 보여준다. 이런 예들이 잘 보여주듯이 새롭게 출현하는 의례들은 전통적인 "권위적" 의례의 고정된 패턴들보다는 구조화되지 않은 즉흥적인 것에 더 많이 의존하고 있다. 요약하자면, 새롭게 출현하는 의례의 전통에는 다음과 같은 특질들이 있음을 볼 수 있다.

① 의례의 전통은 전적으로 문화적 과정, 역사적 과정, 체현된 과정이다. 또한 그 전통은 상당한 정도로 독창성, 창의성, 변화, 다양성 등을 그 특징으로 한다.

---

28 Ibid., 88.

로널드 그라임스가 쓰고 있듯이, "전통은 단지 문화적 타성이 아닌 능동적인 구성의 한 형태로서 이해되어야 한다."[29] 고교회파의 한 부류인 "고전주의" 인류학은 종종 이 점을 흐려놓으면서, 그 대신 전통을 "본질적으로 과거를 참고하는 것을 특징으로 하는 형식화 및 의례화 과정"[30]이라고 규정하려고 한다. 이런 융통성 없는 견해에 반대하여 그라임스는 의례와 사회적 전통의 보다 상호적인 관계에 대한 이해를 제시하고 있다.

몸과 문화, 자아와 사회는 단순한 반의어가 아니다. 이들은 변증법적인 한 쌍이다. 각 쌍에서 한 쪽 용어를 진지하게 고려하다 보면 항상 다른 쪽 용어에 도달하게 된다. 이 점 때문에 나는 의례와 개인에 관한 추정 중 많은 부분을 거부하는데, 예를 들면 의례란 그 정의상 집단적이라는 추정을 거부한다. 의례는 인간적인 그 무엇일 때만 필연적으로 집단적이다. 그 무엇도, 몸도, 심지어 자아까지도 문화를 벗어날 수 없다. 그리고 문화는 그 가장 깊은 뿌리를 인간의 몸 자체 안에 뿌리내리고 있다.[31]

---

29 Grimes, "Reinventing Ritual," 25.

30 Eric Hobsbawm and Terence Ranger, eds., *The Invention of Tradition* (Cambridge: Cambridge University Press, 1983), 4.

31 Ronald Grimes, "Emerging Ritual," *Proceedings of the North American Academy of Liturgy* (1990), 25.

그라임스는 "의례를 재(再)창안하기"(Reinventing Ritual)라는 글에서 다음과 같이 설명하고 있다.

> 언어 자체가 그것을 사용하는 과정에서 항상 고안되듯이, 의례 또한 그 수행자들이 의례를 수행하는 동안 항상 창조되는 과정에 놓이게 된다. 우리에게 알려진 그 어떤 의식(rite)의 역사도 항상 변화하는 것으로 나타나고 있으며, 이 변화들은 항상 다른 변화들과 함께 일어난다. 이는 의례가 전적으로 역사적이며 전적으로 문화적인 과정임을 의미한다.[32]

② 의례를 발전할 수 있게 하는 가장 비옥한 장소는 한 문화의 주류가 아닌 주변부이다.

의례의 독창성은 통상 사회적으로, 정치적으로, 종교적으로 권력을 장악한 사람들에게서 아니라, 특권을 박탈당한 사람들에게서 특징적으로 나타난다. 이렇게 말하는 것은 곧 의례에 관한 다음 두 가지의 널리 받아들여지는 의견에 도전하는 일이 된다.

- 의례는 본래 집단적이다.
- 의례는 창안되기보다는 전통의 일부로서 수용된다.

---

32 Grimes, "Reinventing Ritual," 24.

그라임스는 이에 대하여 다음과 같이 말한다.

당대에 일어나는 의례화 중 많은 부분이 몸에 초점을 맞추고 있고, 또한 자아의 수사법을 사용하여 표현되고 있다. 이런 초점과 수사법은 새롭게 출현하는 의례에 두드러진 개인주의적 에토스를 부여하여, 의례를 본질적으로 집단적이며 필연적으로 사회적인 집단 지향적 현상으로 바라보는, 규범적이고 학문적인 견해의 반대쪽에, 새롭게 출현하는 의례를 가져다 놓는다.[33]

그러나 점점 그 수가 많아지고 있는 개인주의에 관한, 그리고 자기 수양에 관한 북미의 저술들[34]은 대부분 "개인주의의 의례적 발현들"을 진지하게 고려하는 일에 실패한다.

그 결과, 의례학도들로 하여금 정의(definition)상의 근거로 '그것은 진정한 의례가 아니다.' 혹은 도덕적인 또는 심리학적인 근거로 '그것은 신경증적이고 자아도취적인 것이다'라고 말하며 의례화를 간과하거나 거부하게 하고 있다.[35]

---

33 Ibid., 26.
34 예를 들어, 북아메리카인들을 자아도취자(narcissist)로 분석한 것에 대해서는 다음 두 저서를 보라. Christopher Lasch, *The Culture of Narcissism: American Life in an Age of Diminishing Returns* (New York: Warner, 1979). Robert Bellah et al., *Habits of the Heart: Individualism and Commitment in American Life* (Berkeley: University of California Press, 1985).
35 Grimes, "Reinventing Ritual," 27.

이런 태도들 때문에, 종종 신학적인 훈련이나 인류학적인 훈련을 받은 비평가들조차, 의례의 많은 부분이 전통적인 것이든 동시대적인 것이든, 자아와 사회 사이의 관계를 협상하는 것과 연관되어 있다는 사실을 이해하지 못하고 있다. 왜냐하면, 자아(그리스도교 예배학자와 신학자들이 즐겨 증오하는 '자아도취적 혐오 대상'[narcissistic bête noire])조차 실제로는 하나의 문화적 구성물이기 때문이다. 따라서 우리는 "자아로부터 생성된 의식들(rites)이 사회적 표현의 한 형태"라고 주장할 수 있다고, 그라임스는 말한다.

따라서, 비(非)사회화된 개인이란 존재할 수 없고, 반(反)사회적인 의식(rite)도 존재할 수 없다.[36]

요컨대,

의례 이론가들은 너무나도 자주 의례를 개인과 집단 중 집단의 편에 가져다 놓는다. 그러나 우리는 이러한 행동이 전제하고 있는 이분법을 거부해야 한다. 왜냐하면, 자아와 사회로 구성된 한 쌍 가운데 한편을 진지하게 받아들이다 보면 항상 다른 한편으로 향하게 되기 때문이다. 몸들은 문화화되고, 문화들은 체현된다. 이러한 이유로 의례와 개인에 관하여 추정된

---

36 Ibid.

내용 중 많은 부분을 거부해야 할 필요가 있다. 그 대표적인 예가 바로, 사적인(private) 의례는 본질상 신경증적이라거나 모든 의례는 그 정의상 집단적인 것이라는 추정이다. 의례는 인간적인 그 무엇일 때만 필연적으로 집단적이다. 그 무엇도 사회화를 벗어날 수 없다. 사회들은 그 가장 깊은 뿌리를 인간의 몸 자체 안에 뿌리내리고 있다. 또한 몸은 항상, 그것이 제 아무리 가려져 있거나 사적인 것이라 하더라도 사회적으로 각인된다.[37]

③ 의례들은 항상 성육신 된, 그리고 체현된 행위들이다.

그러나 의례의 행위자로서의 몸은 생각 없는 헐크가 아니다. 몸은 나름의 독특한 방식으로 탐구하고, 질문하고, 논쟁하고, 주장하고, 사고하는 인격적 주체이다. 피부도 의례에 참여하는 동안 항상 작동하는 나름의 생각을 가지고 있다. 따라서 "고교회파의 의견 일치"를 채택하는 연구자들은 때로 의례화하는 몸의 "독창적이고, 인식적이며, 비판적인 기능들"을 제대로 평가하지 못할 수 있다.

몸은 어리석지 않고 오히려 인식적이다. 반대로, 정신이 체화되는 것이다.[38]

---

37 Ibid.
38 Ibid., 32.

④ 의례에서 신비의 존재는 비판적, 자의식적 깨어있음과 양립할 수 없는 것이 아니다.

고교회파 진영의 의례주의자들조차도 의례의 역전(inversion)이 갖는 역사적 역할을 인식하고 있다. 그 대표적인 예에는 중세기의 바보제(the medieval feast of fools)와, 혹은 한동안 교황의 즉위식에서 수행되었던 아마포 태우기 예식 등이 있다. 이 때 교황에게 전했던 말은 "상테 파테르, 시크 트란시트 글로리아 문디"(Sancte pater, sic transit gloria mundi)[39]였다. 이런 반쯤은 익살스럽고 반쯤은 비판적인 역전들은 공동체들과 개인들이 예배와 삶의 관련성에 대하여 정직함을 유지할 수 있도록 하기 위한 하나의 방법이었다. 로널드 그라임스와 같은 학자들은 이런 방식의 비평이 건강한 의례에 필수적이라는 사실을 강조하고 있다.[40]

⑤ 의례의 의미들은 의례의 행위 그 자체 안에서부터 펼쳐진다. 그것들은 의례 그 밖으로부터 유입되는 것이 아니다.

만일 '의미'라는 용어가 의례의 수행 밖에서 혹은 그 너머에서 발견되는 코드들에 대한 접근을 뜻하는 것이라면, 의례

---

39 "교황님, 세상의 영광은 지나갑니다."
40 Ronald Grimes, *Ritual Criticism* (Columbia: University of South Carolina Press, 1990)을 보라. 그라임스의 간략한 이력과 그에 대한 평가, 그리고 향후 연구 과제들을 언급한 *Liturgy Digest* 1:1 (1993), Lexicon entry "Ritual Criticism," 111-14도 보라.

들은 반드시 의미 있는 것만은 아니다. 의례들은 그것이 뜻하는 바 때문에 혹은 이성(理性) 때문에 의미를 지니는 것이 아니라, 오히려 의례들이 개인적으로나 사회적으로 실제로 수행하는 것이기 때문에 의미가 있는 것이다.

바로 이런 이유로 의례의 상징들은 무언가를 지시한다기보다는 무언가를 상기시킨다. 의례들은 설명하거나 암호를 해독해 주는 것이 아니라, 반응을 유도한다. 의례의 의미는 어떤 비밀스럽게 숨겨진 진리나 교리에 있는 것이 아니라, 그 수행에 있다. 로널드 그라임스는 이렇게 쓰고 있다.

> 의례의 상징들은 우리의 주목을 집중시키며 기억을 불러일으킨다. 그것들은 그 의미를 구성하고 있는 종교적 아이디어나 정치적 진술을 우리에게 남겨 주지 않는다.[41]

이상의 것은 새롭게 출현하는 의례의 개요이며, 많은 학자들이 의례의 뿌리와 영향에 대한 "고교회파의 의견 일치"를 비판할 때 사용하는 주요 범주이다.

---

41 Grimes, "Reinventing Ritual," 36.

3. 빅터 터너 다시 평가하기

제1장에서 밝혔듯이 의례와 사회과학들 사이의 관계, 특히 인류학과의 관계에 대한 최근의 역사는 빅터 터너(Victor Turner)의 작업이 끼친 영향을 고려하지 않고서는 기록될 수 없다. 터너가 끼친 영향은 그의 명저 『의례의 과정』(*The Ritual Process*)에서 비롯된 것이 아니라, 1970년에 발표된 그의 거침없는 논문인 "의례, 부족민, 그리고 가톨릭"에서 비롯된 것이라고 나는 생각한다.

『의례의 과정』의 경우 그 제목과는 달리 의례에 관해서는 별로 많은 것을 말하고 있지 않다.[42] 그 대신, 『의례의 과정』은 중대한 사회적 전이기(예를 들어, 사춘기에서 성인기로, 투병 혹은 노령에서 죽음으로)에 놓인 사람들의 경계선 상황(liminal condition)이 "의례 안에서와 사회 안에서 전체적으로" 반영되는 방식을 검토하고 있다.[43] 그의 저서 『의례의 과정』이 중요하게 기여한 바는 그것이 "우리 사회의 주변부 사람들을 억압하거나 단지 무시하는 대신 그들로 하여금 전통적으로 성스러운 그들의 위치에 계속 머물게 해야 할 필요성"[44]을 강조했다는 데 있다.

---

42 Martin Stringer, "Liturgy and Anthropology: The History of a Relationship," *Worship* 63:6 (1989), 508을 보라. 또한 Victor Turner, *The Ritual Process: Structure and Anti-Structure* (Chicago: Aldine, 1969)를 보라.

43 Stringer, "Liturgy and Anthropology," 509.

44 Grimes, "Reinventing Ritual," 22.

따라서 인류학자로서 터너는 의례의 과정 자체보다는 의례의 과정에 참여한 사람들의 점차 펼쳐지는 정체성(개인적이든 사회적이든)에 집중하였다. 그는 경계 위에 있는 사람들을 하나로 묶어주는 매우 독특한 "반(反)구조적" 유대(커뮤니타스, *communitas*)를 밝혀냈고, 또한 사회적 콘텍스트 안에서, 실제적인 것이든 기억된 것이든 그들의 조건이 상징화된 방식에 대해서도 밝혀냈다.[45] 경계성(liminality), 커뮤니타스, 사회적 드라마(social drama)에 관한 터너의 연구를 예전(liturgy)과 연관 지어준 방식은 그가 의례를 석회화된 과거로부터 풀어놓았던 바로 그 방식이었다. 이에 대하여 그라임스는 다음과 같이 쓰고 있다.

> 터너 이전까지 의례는 이론가들에 의해 정적이고, 구조적이며, 보수적인 것으로 취급당했다. 터너 이후에 의례는 흐르고, 변화하며, 체제 전복적인 것으로 상상되고 있다. 사실상 터너가 의례를 재(再)창안한 셈이다.[46]

---

[45] 특히 "Appendix A: Notes on Processual Symbolic Analysis," in Victor Turner and Edith Turner, *Image and Pilgrimage in Christian Culture* (New York: Columbia University Press, 1978), 243-55를 보라. 터너는 커뮤니타스(*communitas*)를 "사회적 반(反)구조"로 정의한다. 또한 그것의 유대들(bonds)은 "구분되지 않는, 평등주의적인, 직접적인, 비합리적인, 존재론적인, 나-너(부버의 개념)의 유대들이다. 그 커뮤니타스는 자발적이고 즉각적이며 구체적인 것이지, 추상적인 것이 아니다. … 그것은 정체성들을 융합하는 것이 아니라, 오히려 순응에서 해방하여 일반적 규범으로 나아가게 한다. 그러나 이것은 사회가 질서 있게 계속 유지되기 위해서 어쩔 수 없이 일시적인 현상이어야만 한다. 그것은 모든 구조의 원천(*fons et origo*)인 동시에 그 비판자이다"(250).

[46] Grimes, "Reinventing Ritual," 22.

이와 관련하여 그라임스는 약 21년 전에 발표했던 통찰력 있는 논문에서 이렇게 썼다.

> 터너의 경계선(liminal) 개념(사회적 전이 과정에 있는 사람들의 "문지방" 상황)이 너무나 지배적이어서, 그는 수많은 의례학자들이 의례 연구에서 사용하던 방식들에서 근본적으로 벗어났다. 의례는 더 이상 사회적 연대를 반영하고 보장해 주는 뒤르켐 식의 집단적 표현이 아닌 것이 되었다. 의례는 그 상징들이, 소중히 여겨지는 문화적 가치들을 단지 농축하고 있을 뿐인 사회적 보수주의의 보루도 아닌 것이 되었다. 오히려 의례는 문화와 구조를 생성해 내는 근원이다. 따라서 의례는 그 정의상 사회적 전환들(transitions)과 연관되어 있다. 반면 세레모니는 사회적 상태들(states)과 연관되어 있다.
> "의례는 변혁적(transformative)이고, 세레모니는 확증적(confirmatory)이다."⁴⁷
> … 이러한 방식으로 그는 의례와 신화를 단지 정적인 패러다임, 규칙, 문법, 혹은 구조 등의 표현들로만 해석하려고 하는 종교사학자들과 사회인류학자들의 통상적인 가설들에 근본적으로 도전하고 있다. … 의례는 대개 그것이 갖는 보존 기능의 관점에서 해석되어 왔다. 터너는 우리가 의례의 창조적

---

47 터너의 *The Forest of Symbols: Aspects of Ndembu Ritual* (Ithaca, N.Y.: Cornell University Press, 1967), 95를 참조할 것.

기능을 인식하기를 원한다. …

의례는 '사회가 되어 가는 꼴'(becomingness which is society)과 분리될 수 없다. 따라서 의례는 사회의 "과정적이고" 극적인 형태를 공유한다. 확실히 흐름 속에는 유형이 있으나, 유형화는 체계적인 격자망의 세트로서가 아니라 단계적으로 변화하는 과정으로 일어난다.[48]

따라서 터너는 의례 연구에 있어서 사회 및 시간과 무관한 방법을 강력하게 거부했다. 그는 자신의 저서 『인간 사회와 상징행위』(*Dramas, Fields and Metaphors*)에서 다음과 같이 썼다.

사회적 세계는 되어 가는 중인 세계이며, (고정된) 존재로서의 세계가 아니다. "존재"(being)는 인간들이 그들의 생각 속에 품고 있는, 정적이고 시간과 무관한 모델들을 표현하는 용어가 아니다. 또한 이러한 이유로 사회적 구조에 관한 이런 방식의 연구들은 부적절하다. 이런 방식의 연구들은, "정적인 행동" 따위는 없으므로, 그 기본 전제에 있어서 오류이다. … 그러한 견해는 인간의 사회적 장면들의 실제 흐름과 변화무쌍함을 거스른다. 여기서 나는 철학적 안내를 받기 위해 … 데카르트(Descartes)보다는 … 베르그송(Bergson)에게 의지하고자 한다.[49]

---

48 Ronald Grimes, "Ritual Studies: A Comparative Review of Theodore Gaster and Victor Turner," *Religious Studies Review* 2:4 (October 1976), 20.

49 Victor Turner, *Dramas, Field and Metaphors* (Ithaca, N.Y.: Cornell University Press, 1974), 24.

터너의 연구에서, 시간적인 것과 시간과 무관한 것, 문화적으로 조건 지어진 것들과 사실상 조건 지어지지 않는 것들 사이의 긴장이 여전히 눈에 띈다. 그라임스는 다음과 같이 쓰고 있다.

> 터너는 그 방법에 있어서 반(反)문화주의와 반(反)시간주의를 거부해 왔다. 그 결과 경계선 상의(liminal) 현상들 속에서 이 긴장을 재발견하게 될 뿐이었다. 이는 '시간 안과 시간 밖에서의 순간들'로 경험되는 것일 뿐만 아니라, 문화를 뛰어넘어 보편적으로 인간적인 것이다. 경계성(liminality)은 범문화적인 것이다. 물론 터너는, 오늘은 경계적인 것이 내일은 현상 체제의 일부가 될 수 있다는 점을 잘 알고 있다. … 그러나 터너는 경계성-커뮤니타스(liminality-*communitas*)가 일시적이라는 사실을 인식하고 있었음에도 불구하고, 여전히 그러한 경험들을 대단히 다른 시간과 장소들에서도 본질에 있어서 똑같은 것으로 보고 있다.[50]

따라서 터너는 "사회적 세계가 되어 가는 중인 세계이며 존재하고 있는 세계"가 아니라는 점을 인식했고, 의례는 움직임, 흐름, 창의성을 그 특징으로 한다는 점을 확신했음에도 불구하고, 종종

---

[50] Grimes, "Ritual Studies: A Comparative Review," 21. 물론 오늘날 대부분 인류학자는 "교차-"(cross-) 혹은 "범문화적"(transcultural)이라는 표현의 사용을 매우 꺼릴 것이다. 그들은 인종적, 그리고 유럽 중심적 기준들이 얼마나 쉽게 다른 문화들의 특징적 요인들에 덧씌워질 수 있는지를 알고 있다.

범문화적이고 시간을 초월하는 일반화의 관점에서 말하곤 했다.[51] 예를 들면, 터너는 은뎀부 의례(Ndembu ritual)에서 흰색 상징들을 사용하는 것에 대해 언급하면서, 이 상징들을 멜빌(Melville)의 소설 『모비 딕』(Moby Dick)에 나오는 고래의 흰색이나, 마태복음에 나오는 예수의 부활 장면(마 28:3)에서 천사가 입었던 옷의 눈부신 흰색에 견주곤 했다.

> 살아 있는 의례의 상징이 갖는 특징들 중의 하나는, 그 의미에 있어서 많은 변화가 있다고 하더라도 그 형식에서는 특별한 변화 없이 한 사회에서 다른 사회로 옮겨 갈 수 있는 능력이라고 말할 수 있을 것이다. 이렇게 이전하는 과정에서 그 상징이 지시하는 대상들이 상실되더라도 그 상징의 새로운 대상들이 쉽게 획득된다. 어떤 상징들은 음악이 그러하듯이 거의 보편적인 반응을 불러일으킨다.[52]

이 글에서 우리는 터너가 이로부터 십 년 후에 집필하게 될 논문인 "의례, 부족민, 그리고 가톨릭"에서 다시 돌아가게 될 하나의 주제를 미리 탐지하게 된다. 즉, 의례의 상징들은 "그 형식에서는 특별한 변화 없이 한 사회에서 다른 사회로 이동할 수 있으며, 또한 범문화적으로 옮겨갈 수 있다는 개념"이 그것이다.

---

51 Ibid.
52 Turner, *The Forest of Symbols*, 291.

그러나 터너는 자신의 저서 『상징의 숲』(*The Forest of Symbols*)에서 이러한 이동이 필연적으로 "의미에서 많은 변화"을 초래할 수밖에 없다는 사실을 인정했다는 점을 우리는 주목해야 한다. 이 점에 있어서 터너는 인류학자들이 견지했던 옛 "본질주의적"(essentialist) 관점에 다시 귀를 기울인 듯 보인다. 이 관점에서 보면 의례의 상징들은 코드화된 의미들을 가리키는 엄격한 의미체계이다. 요컨대,

[터너는] 의례적 콘텍스트 안에서, 그리고 상징의 전체 문화체계라는 이보다 더 넓은 콘텍스트 안에서, 그리고 문화 영역 전체를 통해서 지배적 상징을 찾으려고 노력했고, 최종적으로는 이를 범문화적으로 평가하려고 했다. 터너는 지배적 상징들이 일종의 자율성을 지니고 있으므로 이러한 방법이 가능하다고 생각했다.[53]

오늘날 다수의 인류학자는 어떤 상징체계에 대해서도 이처럼 거대한 주장을 펼치기를 주저할 것이다. 심지어 수세기 동안 지속되어 온 전통을 통하여 신성시되고, 여러 문화 안에서 이미 사용된 상징체계에 대해서도 그러할 것이다. 어쩌면 터너 자신도 그의 말년엔 저들의 주저함에 동조했을지도 모르겠다. 어쨌든 의례와 상징체계들에 대한 그의 이해는 1983년에 터너가 사망할 때까지

---

53 Grimes, "Ritual Studies: A Comparative Review," 21.

계속 진화되었음이 분명하다. 예를 들어 1979년에 그는 다음과 같이 썼다.

> 데카르트적 이분법은 주체와 객체를 분리하고, 우리와 그들을 분리해야 한다고 주장해 왔다. 이러한 이분법은 실제로, 거대(macro-) 장치로 보이는 장면이나 초미세(micro-) 장치로 보이는 장면들이, 개발을 바라보는 "눈"을 가지고 세계의 구조들을 배우는 데 더 좋은 것이라고 과장하면서, 서구인들을 관음증 환자로 만들어 버렸다. 몸과 정신, 의식적인 사고와 무의식적인 사고, 종과 자아 사이의 깊은 연결들은 존중을 받지 못해 왔다. …
> 다양한 종류의 수행들이 끼어드는 한 과정으로서 사회를 새롭게 강조하는 가운데, 의례, 세레모니, 카니발, 축제, 게임, 행사, 퍼레이드, 스포츠 이벤트와 같은 장르들이 다양한 단계들에서 다양한 구술적 코드들과 비(非)구술적 코드들을 가지고, 교차하는 메타언어들(metalanguages)의 한 세트를 구성할 수 있다는 견해가 전개되었다. 집단 혹은 공동체는 이런 수행들과 함께 단지 "무아지경(flow)에 빠져드는 것"만은 아니다. 이들은 더욱 능동적으로 스스로를 변화시키기 위하여 스스로를 이해하려고 노력한다. 따라서 이런 "무아지경"과 성찰성(reflexivity) 사이의 변증법이 수행적 장르들의 특징을 이루고 있다. 성공적인 수행은, 그것이 어떤 것이든, 행위의 무의식적인 패턴들

과 자기 의식적인 패턴들 사이의 대립을 초월한다.[54]

이러한 텍스트들은 의례에 관한 터너의 진화하는 사고가, 그가 의례를 규정하는 방식과는 상충되었다는 점을 드러내 준다.[55] 터너는 말년에 의례가 갖는 내재적 독창성을 강조하고 있었다.[56] 그는 의례에 관하여 "본질적으로 규칙이나 예전서가 아닌 퍼포먼스 혹은 상연(enactment)"[57]으로 생각하기를 선호하기 시작했다.

규칙들은 의례의 과정에 "틀을 형성해 주지만," 의례의 과정은 그 틀을 뛰어넘는다. 강물은 강둑이 없으면 위험한 홍수를 일으키기 때문에 강둑이 필요하다. 그러나 강물이 없는 강둑은 건조함(aridity)의 전형이 된다. 물론 "수행"(performance)이라는 용어가 고대 영어인 'parfournir'로부터 나온 것인데, 이는 "완벽하게 혹은 철저하게 제공하다"라는 문자적 의미를 갖고 있다. 따라서 수행한다는 말은 무언가를 일어나게 하고, 무언가

---

54 Victor Turner, "Dramatic Ritual/Ritual Drama: Performative and Reflexive Anthropology," *The Kenyon Review* (New Series) 1:3 (1979), 92-93. 이 논문은 터너의 저서, *From Ritual to Theatre*, 89-101에 다시 수록됨.

55 여러 저서에서 터너는 의례를 "기술적인 일상으로 넘겨질 수 없는 경우들을 위해 지정된 공식적 행위이며, 모든 것의 처음이자 마지막 원인으로 여겨지는, 보이지 않는 존재 혹은 힘에 대한 믿음에 의미를 부여하는 것"이라고 정의한다(*The Forest of Symbols*, 19).

56 Tom Driver, *The Magic of Ritual*, Appendix B, "Some Points in Criticism of Victor Turner"(San Francisco: Harper, 1991), 237.

57 Ibid.

를 완성하거나 놀이, 질서, 혹은 프로젝트를 "실행하는 것"을 뜻한다. 그러나 나는 "실행하기"에서 무언가 새로운 것이 창출될 수 있다고 생각한다. 수행은 스스로를 변형시킨다. 진정 … 규칙들은 수행에 "틀을 형성해 줄"지 모르나, 그 틀 안에서 행동들을 주고받는 것에 대한 "몰입"(flow)은 이제까지 선례가 없었던 성찰을 가능케 할 수 있으며, 심지어 새로운 상징들과 의미들을 창출해 낼 수도 있다. 이 새로운 의미들과 상징들은 그 뒤를 잇는 수행들에 통합될 수 있다. 전통적인 틀들은 재형성되어야만 한다. 새 술을 위한 새 부대가 필요하듯이.[58]

"전통적인 의례의 틀들은 재형성되어야 한다. 새 술을 위한 새 부대가 필요하듯이"라는 터너의 주장은 그의 논문 "의례, 부족민, 그리고 가톨릭"의 끝부분에서 고뇌에 가득 차 피력했던 탄원, 곧 "베드로라는 예전의 반석을 폭파"해서는 안 되며, 로마 가톨릭의 의식(rite)을 "개인의 종교적 낭만주의의 파괴적 힘과 정치적 기회주의와 집단적 천년왕국주의"에 굴복시켜서도 안 된다던 탄원과는 상당히 거리가 멀어 보인다.

또한 의례는 "일종의 집단적 '자서전,' 즉 한 집단이 '결정적이며 명확한 정체성'(윌리엄 블레이크[William Blake]를 인용)에 생명을 불어넣는 과정에서 자기 자신에 관한 이야기를 자기 자신에게

---

58 Victor Turner, *From Ritual to Theatre* (New York: Performing Arts Journal Publications, 1982), 79.

함으로써 그 정체성을 확립하게 해 주는 수단일 수 있다"[59]라는 사후에 발표된 터너의 주장 역시 그러하다.

그러나 어쩌면 터너의 사고에 있어서의 전환을 가장 잘 보여 주는 증거는 그의 저서인 『제의에서 연극으로』(*From Ritual to Theatre*)의 서문에서 찾을 수 있을 것이다. 이 글에서 터너는 경험주의 철학자인 딜타이(Dilthey)에게 빚지고 있음을 공개적으로 인정했다.

그 개념들과 방법들을 처음 배웠던 인류학의 실증주의 및 기능주의 학파들로부터 나는 사회적 드라마가 갖는 역동성에 관하여 오직 제한된 성찰만을 얻을 수 있었다. 나는 관계된 사람들의 수를 셀 수 있었고, 그들의 사회적 지위 및 역할들을 서술할 수 있었으며, 그들의 행위를 기술할 수 있었고, 다른 사람들로부터 그들에 관한 자서전적 정보를 수집할 수 있었으며, 그들을 사회적 드라마에 나타난 공동체의 사회체제 속에 구조적으로 위치시킬 수 있었다. 그러나 이렇게 "사회적 사

---

59 Victor Turner, "Epilogue: Are There Universals of Performance in Myth, Ritual, and Drama?" in Edith Turner, ed., *On the Edge of the Bush: Anthropology as Experience* (Tucson: University of Arizona Press, 1985), 293-94를 보라. 이 본문에서 터너는 "definitional ceremonies"에 관한 바바라 마이어호프(Barbara Myerhoff)의 개념이 갖는 가치에 대해 논평한다. "집단적 자서전"으로서의 의례, 혹은 "한 집단이 자신들에 관해 이야기함으로써 그 정체성을 창출해 내는" 수단으로서의 의례라는 발상은 전통적 의례들, 예를 들어, 로마 전례에서 부활절 성삼일 의례들과 "새로 출현하는 의례들," 예를 들어, AA 그룹의 의례들 모두에 부합한다는 점에 주목하라.

실들을 있는 그대로" 다루는 방식, 뒤르켐이 혐오했던 조사 방식은 목적의식이 충만하고 감정적이며 "의미 깊은" 이벤트들에 참여하는 인물들의 동기와 성격들을 이해하는 데는 크게 도움이 되지 않았다.

나는 상징적 과정들, 상징적 상호 작용의 이론들, 사회학적 현상학자들의 견해들, 프랑스의 구조주의자들 및 "해체주의자들"의 이론들을 공부하느라 간간이 쉬기는 했지만, 점차 독일의 위대한 사회 사상가인 … 빌헬름 딜타이(Wilhelm Dilthey, 1833-1911)가 기술해 놓은 기본적인 입장 쪽으로 끌려갔다. 이 입장은 체험이라는 개념에 의존하고 있다(여기서 체험이란 독일어 '에어렙니스'[Erlebnis]로서 글자 그대로 "겪어진 것"을 뜻한다). …

딜타이에게 체험의 구조들이란, 오랜 기간 프랑스 인류학계를 지배해 왔던 "사고-구조주의자들"(thought-structuralists)이 그리도 사랑했던 냉혹한 "인식적 구조들," 곧 정적이며 "공시적인"(synchronic) 구조들이 아니었다. … 사고는 살아낸 경험을 밝혀 주고 일반화해 준다. 그러나 체험은 감정과 자유 의지, 가치 판단과 행동 수칙들의 근원들로 채워져 있다. 딜타이의 세계관 기저에는, 자신의 환경과 씨름하며, 인식하고, 사고하고, 느끼고, 욕망하는 인간 존재 전체(로렌스[Lawrence]의 "살아있는 인간"[man alive])의 기본적인 사실들이 깔려있다. 그가 말하듯, "인생이 인생을 껴안는다. …"

나에게는 수행(performance) 인류학이야말로 체험인류학의 핵심적인 부분이다. 한편으로 보면, 의례, 세레모니, 카니발,

연극, 시 등을 포함하는 모든 형태의 문화적 수행은 딜타이가 자주 주장했듯이, 인생 그 자체에 대한 해설이며 설명이다. 수행 과정 자체를 통하여, 보통의 경우는 봉해져 있어서 누구나 바라보고 판단할 수 없게 되어 있는 것들이 … 끌려 나온다.

딜타이는 이 점에 대하여, "표현"을 의미하는 독일어 '아우스드룩'(Ausdruck)이라는 용어로 설명하고 있는데, 이는 '아우스드뤼켄'(ausdrücken)에서 파생된 용어로서 글자 그대로 "누르거나 쥐어 짜내기"라는 의미이다. 극작가나 시인이 직접 경험해 보지도 않았던 이벤트들, 또한 철저한 이해 혹은 상상력을 동원한 이해를 요구하지도 않는 이벤트들로부터 "의미"가 쥐어 짜내져 나온다. … 체험은 그 자체로, 그것을 완성해 주는 "표현"으로 "눌려 나오는" 하나의 과정이다. 그리하여 수행은 체험의 적절한 대단원이 된다.[60]

터너는 자신의 인생이 마감될 무렵 의례란 하나의 정밀하고 반복적인 패턴이기보다는 나선형으로 움직이는 협상의 과정이라고 느낀 듯 보인다. 이에 따라 그는, 의례가 항상 "엄격하고, 상투적이며, 강박적인" 것이라는 견해에 대해 다음과 같이 주장하면서 반대했다. 그에 따르면 이런 견해는 "특히나 서유럽적인" 편견으로서, "그리스도교 내부의 갈등 과정에서, 곧 의례주의자들과 반(反)의례주의자들 사이, 그리고 우상을 사랑하는 자들과 우상 파괴자

---

60 Turner, *From Ritual to Theatre*, 12-13. 강조가 추가되었다.

들 사이에서 일어났던 갈등들의 산물이다. 아프리카의 의례를 알고 있던 사람이라면, 혹은 발리나 스리랑카나 북미 인디언들의 의례를 알고 있던 사람이라면, 이런 편견을 갖지는 않았을 것이다."[61]

터너의 후기 작품에 나타난 이러한 융통성은, 몇몇 학자들이 자신들의 이전 주장들, 곧 "의례는 격식을 갖춘 처방된 행위이다"라는 주장들의 완고함을 피하기 위해, 그리고 의식(rite)이 지니는 수행적 성격에 더 큰 관심을 기울이기 위해, 의례에 관한 수정된 정의를 제안하도록 이끌었다.[62]

예를 들어 보비 알렉산더(Bobby Alexander)는 아프리카계 미국인들의 오순절 교회들에서 수행되는 의례들에 관한 그의 연구를 토대로 주장하기를, 의례에 관한 보다 나은 터너적 정의란 "일상이, 그 안에서 하루하루가 변화되는 대안적 틀로 전환되도록 영향을 주는, 계획되거나 즉흥적으로 준비된 수행"[63]이라고 한다. 알렉산더는 다음과 같이 지적하고 있다.

> 터너에 관한 가장 잘못된 해독은 그가 의례를 본질적으로 보수적인 것이라고 제안했다는 견해이다.[64]

---

61 Victor Turner, *The Anthropology of Performance* (New York: Performing Arts Journal Publications, 1988), 26.

62 Driver, *The Magic of Ritual*, 238을 보라.

63 Bobby C. Alexander, "Pentecostal Possession and Grotowski's Ritual Projects as Social Protest: A Critical Assessment of Victor Turner's Theory of Ritual Anti-Structure as an Interpretive Tool" (Columbia University, unpublished doctoral dissertation), 21을 보라.

64 Bobby C. Alexander, "Correcting Misinterpretations of Turner's Theory: An

혹은 터너 자신이 썼듯이,

> 의례는 주요 분류들, 범주들, 문화적 과정들의 모순들을 드러 내 주며, 변화를 가져오는 수행이다. 의례는 서구 문화에서 통상적으로 상정되듯이, 그 본질에 있어서, 소중히 여겨지는 가치들을 그 상징들이 단순히 농축하고 있을 뿐인 사회적 보수주의를 위한 버팀목이 아니다. 비록 어떤 상황에서는 이런 역할을 수행할 수도 있겠지만. 오히려 의례는 특히 그 경계선 단계(liminal stage)에서 문화와 구조를 생성케 해 주는 근원을 지탱해 주는 것이다.[65]

터너가 자기 죽음을 의례화한 방식은 이상하게도 타당해 보였다. 프레더릭 터너(Frederick Turner, 빅터 터너의 아들 -역주)는 그 위대한 인류학자(빅터 터너 -역주)의 가족과 친구들이 그의 장례식을 어떻게 수행했는지에 대해서 다음과 같이 서술했다.

> 터너는 아프리카와 딕시랜드식의 결혼식, 순례, 치유 의례, 심지어 장례식까지를 수행했었다. 그가 참여했던 마지막 의례가 바로 자신의 장례식이었다. 그의 장례식은 추장을 위한 완벽

African-American Pentecostal Illustration," *Journal for the Scientific Study of Religion* 30:1 (March 1991), 26.

65 E. Turner, ed., *On the Edge of the Bush*, 171.

한 은뎀부식 장례식이었다. 다시 말해, 드럼 음악, 가면을 쓴 무희들, 미망인을 위해 별도로 준비된 오두막, 단체 무용, 충분한 술, 눈물, 웃음, 회상 등 갖출 것을 모두 갖춘 장례식이었다. 그 장례식은 터너의 집에서 친구들, 가족, 제자들, 그리고 인류학, 종교연구, 행위예술 분야의 동료들이 참석한 가운데 진행되었다. … 이 이상한 이벤트의 부조리함과, 그리고 그 안에서 느꼈던 묘한 코미디적 요소는 은뎀부 의례 자체의 정신 속에 완전히 들어 있는 것이었다. 그 의례는 부분적으로 고인의 죽음을 기괴하고 부조리한 인물로 의인화하면서, 그 인물이 진압되어 친숙하게 될 때까지 익살스럽게 조롱하는 것으로 구성되어 있었다. …

회의론자들은 이러한 의례가 소위 "메타" 양식으로, 그리고 의식적이면서도 성찰적으로(reflexively) 수행되었기 때문에, 정통성이 없다고 반대할지도 모르겠다. 그러나 터너의 연구는 인간의 살아 있는 모든 의례란 이미 "메타"라는 점을 보여 주었다. 성찰성(reflexivity)은 포스트모더니즘의 세련된 예술 작품이 갖는 특질만은 아니다. … 오히려 인간의 주요 의례들이 갖는 보통의 조건이다. 이것이 터너의 가장 위대한 성찰 가운데 하나일지도 모르겠다. 생각 없이 본능적인 조화 상태에서 살아가는, 순진무구하고 의식 없는 야만인들[원문 그대로임]이란 없다.

모든 인간은 항상 세련되고, 의식이 있으며, 우리 자신의 제도들을 비웃을 능력을 지니고 있고, 살아가면서 우리의 삶을 집단으로 고안하며, 게임을 하고, 우리 자신의 존재를 수행해가는 그런 존재이다. 이것이 바로 동물로서의 우리의 특화(specialization)이고, 곧 우리의 본성이다.[66]

따라서 터너의 연구를, 의례의 창의성과 사회적 변화에 반(反)하는 개혁 불가한 보수적인 선언문 정도로 취급하는 것은 정확하지 않다. 터너는 고대문화와 전통문화, 근대문화와 일시적인 문화 등, 많은 문화에 몰두했던 학자로서, 사회란 수행들이 끼어드는 한 과정이며, 의식들(rite)은 예전서가 아니고, 의례의 틀은 항상 재형성되어야 하고, 의례화는 한 집단의 공동의 자서전이며, 인간들이 살아나가면서 자신들의 인생을 고안하고, 게임을 하며, 자신들의 존재를 수행한다는 점을 이해하고 있었다.[67]

종교 의례와 인류학 사이의 관계에 대한 터너의 성숙한 견해를 다음과 같이 간략하게 요약해 본다.

---

66 Frederick Turner, "Hyperion to a Satyr: Criticism and Anti-structure in the Work of Victor Turner," in Kathleen Ashley, ed., *Victor Turner and the Construction of Social Criticism* (Bloomington: Indiana University Press, 1990), 155-56.

67 터너가 공의회 이후의 로마 가톨릭 의례들을 반대했던 것은 인류학적인 면에서이기보다 미학적인 면에서였다는 의심이 가능하다. 그는 수세기 동안 지속되어 왔던 의식(rites)들이 "개혁적인 청교도주의"에 의해 그렇게 빨리, 그리고 부주의하게 폐기되는 현실에 마음이 상했다. 터너는 자신의 이 이례적인 논문에서조차 의례란 "표현적인 장르의 심포니"이며, "여러 단계로 이루어진" 그리고 "이 모든 단계의 전부 혹은 일부를 창조적으로 수정할 수 있는 것"이라고 인정하였다(Victor Turner, "Ritual, Tribal and Catholic," 505-6).

① 인류학은 종교의 자율성을 존중해야 한다.

종교는 그 나름의 고유한 종교적 관점에서 이해되어야 한다. 기능주의자들은 종교를 "스스로를 숭배하는 사회 집단"[68] 정도로 규정하려고 하지만, 종교는 환원주의적 정의들로 무시될 수 없다. 터너에게 종교란 단순한 "실행들 혹은 느낌들"이 아니라 "신앙들의 한 체계"[69]이다. 이 신앙들은 인간의 행위와 사회적 질서만을 다루는 것이 아니라, 우주의 본질 자체를 다루고 있다. 종교적 우주론들은 현대 과학의 결론들에 대해 적대적인 것이 아니다. 혹은 양립할 수 없는 것도 아니다.[70]

68　이 규정은 프랑스 사회학자 에밀 뒤르켐(Emile Durkheim, d. 1917)의 저서에 그 뿌리를 두고 있다.

69　Robert Segal, "Victor Turner's Theory of Ritual," *Zygon* 18:3 (September 1983), 328-29.

70　터너가 종교와 현대 과학의 기본적인 양립 가능성을 제시하는 방식의 한 예를 그의 저서, "The New Neurosociology," in *On the Edge of the Bush*, 275-89에서 찾아볼 수 있다. 여기서 터너는 신화와 의례를 연구하는 인류학자로서의 자신의 작업과 유진 다퀼리(Eugene d'Aquili)나 찰스 라플린(Charles Laughlin)과 같은 구조주의 생물발생학자들의 작업 간의 차이점과 공통점을 언급했다. 예를 들어 다퀼리와 라플린은 "언어라는 매개를 통한 개념적 모델들의 표현으로서의 신화를 강조"하는 경향을 보인 반면, 터너는 "신화 말하기(myth-telling)를 의례 수행의 하위 장르"로 보았다. 그는 계속해서 다음과 같이 말한다. "신화는 의상과 소품, 그리고 특정 문화의 가면들을 사용하여 스스로를 공연 혹은 수행하는 뇌이다. 그것이 최근의 것이든 혹은 오래된 것이든. 또한 신화는 특정 주거지의 사회적 산물이지만, 그 자신의 지형학의 윤곽들을 드러내 주고, 또한 자신의 교차하는 움직임들의 흔적을 드러내 주는 것이다"(287-88). 요컨대 신화는, 대부분은 아니라 할지라도 수많은 문화 속에서 종교의 한 특징인 의례와 마찬가지로, 일종의 "뇌 지도" 혹은 "뇌신경 해부학의 고도로 채색된 지도"이다. 따라서 신화는 뇌의 인식

② 종교 의례는 그 자체로 더 이상 환원할 수 없는 현실일 뿐만 아니라, 동시에 더 이상 환원할 수 없이 인간적인 것이다.

첫째, 이는 의례가 강박신경증이나 집단적 신성화(collective divinizing)로 규정될 수 없다는 점을 의미한다. 집단적 신성화의 경우 사회는 스스로를 대상화하며, 대상화된 것을 숭배하게 된다.

둘째, 이는 놀이(play)가 항상 의례의 "변증법적 댄싱 파트너"라는 것을 의미한다.[71]

따라서 놀이는, 의례가 문화를 재구성하고 현실을 재규정하는 과정에서 필수불가결한 구성 요소가 된다. 인간의 대뇌 변연계는 놀이에 관련된 기능을 관장하는 곳으로서, 기성의 질서를 비웃고 일상을 전복할 수도 있는 일종의 카니발적인 힘을 관장하는 듯 보인다. 의례의 댄싱 파트너로서 놀이는 "사람, 사물들, 아이디어들, 이념들, 제도들, 조직들 등을 조롱한다. … 이 조롱에는 흉내 내기와 놀림이 포함되며, 항상 만족할 만한 결과가 나오는 것은 아니지만 희망이나 욕망 혹은 호기심 등을 불러일으킨다. … 놀이는 속이고, 배신

구조들과 양립할 수 있으며, 심지어 그 표현이 될 수도 있지만, 거기에만 국한되지는 않는다. 종교적 현상이란 되맞출 수 없다고 터너가 주장했던 사실을 다시 주목하라. 신화는 "그 좌우측을 연결하는 다리를 넘어 언어, 이미지, 음악 등이 상호 작용하는 뇌 …"이다. "또한 기존의 사회 구조들에 타당성을 부여하는 인지 구조들을 가지고 있기에 신화는 뇌이다"(288).

71 이 개념의 발전에 대해서는 Victor Turner, "Body, Brain and Culture," *Zygon* 18:3 (September 1983), 221-45를 보라.

하며, 구슬리고, 착각하게 하며 … 기만하고, 속임수를 쓰며, 정신없게 만들고, 짜증나게 만들기도 한다."[72]

통상적인 아이디어들과 사회 구조들을 전복시키는 독특한 능력 때문에 놀이는 현실에 대한 새로운 정의들을 창출해 낼 수 있다. 놀이는 경험이 갖는 익숙한 요인들을 새롭고, 낯설며, 심지어 임의적인 패턴들로 재조합해 낼 수 있다. 터너는 놀이가 갖는 이런 기능을 "유희적 재조합"(ludic recombination)이라고 부르면서, 이를 문화들과 개인들 내부에 존재하는 풍부한 창조력으로 보았다.

놀이와 의례 사이의 이런 내적 연관은 또한 예전(liturgy)의 구조를 이해하는 데도 유의미하다. 예전에서 의례는 친숙한 경험들을 "재배치"(rewire)하여 새로운 패턴들과 정의들을 창출해 내도록 한다. 이런 방식으로 의례는, 의례에 참여하는 사람들에 대해서도 "다시 쓴다"(rewrite).

예를 들어 성찬 기도가 어떻게 예수의 역사를 "재배치하여," 예수의 역사와 우리 사이의 관계를 그렇게도 근본적으로 다시 쓰고 있는지에 대해 주목해 보자. 예수를 과거 속에 묻어 두었어야 하는 이벤트, 말하자면 그의 죽으심과 묻히심이 아니라 오히려 그를 살아 계신 현존으로 만든다. 이때 예수는 말씀을 통해, 빵과 포도주 안에서, 그리고 우리 가운데 가장 작고 가장 궁핍한 사람들을 보살피고 섬기는 가운데

---

[72] Ibid.

완전히, 육신적으로, 인격적으로 우리가 만날 수 있는 존재가 되어 준다.[73] 마리안 소위츠키(Marianne Sawicki)는 다음과 같이 쓰고 있다.

우리는 예배를, 다양한 매체를 통해 하나님과 관계를 형성하는 예수의 패턴에 대한 복제들이라고 이론화할 수 있을지도 모르겠다. 성례전 안에서의 소통을 통해 하나님이 화해를 제안하심과 예수 그리스도 안에서 인간이 이를 수용하는 것은, 노래, 몸짓, 스피치, 옷감들, 조각, 건축, 물, 빵, 불, 향, 기름, 소금, 포도주 등의 매체를 통한 효율적인 해석을 통하여 가능해진다. 예배란 쓰인 각본에 따라 만들어진 작품인 동시에 참여자들에게 무언가를 새겨 주는 작품이다.[74]

의례의 댄싱 파트너로서의 놀이는 예전의 재(再)정의를 가능케 해 주며, 동시에 그 재정의를 타당한 것으로 만들어 준다.

③ 종교 의례는 인식적인 것, 즉 참여자들이 무엇을 어떻게 생각하느냐에 영향을 주는 것인 동시에 사회적인 것, 곧 참여자들이 어떻게 사느냐를 결정케 해 주는 것이다.

---

73 Marianne Sawicki, *Seeing the Lord: Resurrection and Early Christian Practices* (Minneapolis: Fortress, 1994), 특히 334-36을 보라.
74 Ibid., 336.

로버트 시걸(Robert Segal)은 터너가 클리퍼드 기어츠(Clifford Geertz) 및 메리 더글러스와 함께 종교 의례를 고대 혹은 "원시" 문화들에만 국한된 것으로 본 것이 아니라 보편적인 현상으로 보았다고 주장했다. 시걸은 계속해서 다음과 같이 쓰고 있다.

종교 의례들은 과학의 경쟁자가 아니며, 그로 인해 과학으로 대체될 수 없다. 바로 이 점 때문에 종교 의례는 보편적일 수 있다. 의례는, 세상을 설명하거나 통제하기보다는 … 인간에게 그 세상에서의 자리를 부여하는 일에 복무한다. 의례는 정보를 전달함으로써 그렇게 한다. 또한 그 자리를 설명해 줌으로써 그렇게 한다.[75]

의례가 그 참여자들에게 제공하는 "자리"는 우주적인 동시에 사회적인 것이다. 시걸은 또한 이렇게 설명한다.

한편에서 보면 사회는 우주 일부가 되고, 이로써 우주를 설명해 줄 뿐만 아니라 정당화해 준다. 다른 편에서 보면 우주가 사회를 통하여 드러나게 되는 것이고, 이로써 사회를 입증해 준다.[76]

---

[75] Segal, "Victor Turner's Theory of Ritual," 329-30.
[76] Ibid., 330.

그러므로 터너에게 있어서 의례가 지니는 인식적 기능과 사회적 기능은 일치하는 것이다.

④ "사회적 드라마"라는 개념은 사람들의 집단 안에서 의례가 어떻게 작용하는지를 이해함에 있어 필수적인 것이다.
터너는 다음과 같이 쓴 적이 있다.

> 이 … '드라마'는 의례를 이해함에 있어 결정적인 것이다. 의례는 그 플롯과 그 상징체계 모두에서, 보다 넓고 자생적인 사회적 과정, 곧 그 안에서 의례가 구현되고, 이상적으로는 그 사회적 과정을 의례가 통제하는 그런 사회적 과정의 전형이다.[77]

그러나 사회적 드라마로서의 의례는 그리스 고전 드라마와 같은 방식으로 "단순히 사회적으로 위험한 충동들을 '카타르시스'를 통해 해소하도록 영향을 주는 것" 그 이상의 역할을 한다.[78] 오히려 의례는 사회적 갈등, 적대감 혹은 의견 대립의 "힘 또는 에너지"를 활용하고, 그것의 방향을 돌리며,

---

77 *The Drums of Affliction* (Ithaca, N.Y.: Cornell University Press, 1968), 273-74. 이 본문에서 혹자는, "보다 넓고 자발적인 사회적 과정의 전형"으로서의 의례라는 터너의 관점이 발리의 닭싸움(제1장에서 언급함)을 **텍스트**로 보고, "발리의 경험에 대한 발리식 읽기, 그들이 그들 자신에 관해 말하는 이야기"로 보는 기어츠의 견해와 결국엔 그다지 다르지 않다는 사실을 발견할 수도 있다.

78 Ibid., 268.

그것을 재가동시키고, 결국 그것을 통합의 기능으로 가져다 놓는다.

> 의례는 그 에너지를 가장 넓고 효율적인 사회 집단이 갖는 연대의 본질적 상징들에 불어넣는다. … 갈등의 극화(劇化) 혹은 갈등의 상징화는 그 상징들에 온기를 불어넣어 주고 또한 그 상징들을 바람직한 것으로 만들어 주는 수단이다.[79]

그러나 시걸과 같은 비평가들이 지적하듯이 터너는 의례가, 사회적 드라마가 제시하는 해결책을 어떻게 수행하는지에 대해서는 설명하지 않는다.[80] 아마도 가장 합당한 설명은 다음과 같을 것이다. 즉 터너가 자신의 초기 연구에서 보여 주기 원한 바는 "정적인, 원시적인" 사회들(만일 그런 사회가 실제로 존재한다면) 안에서, 어떻게 의례가 "기존의 사회 속에서, 그리고 우주와 사회 속에서 인간들의 기존 자리들을 강화해 주는지"[81]에 대한 것이다. 후에 터너는 "역동적인, 근대적인" 사회들에 더 큰 관심을 기울였고, "의례가 문화의 일부로서, 사회 그 자체뿐만 아니라 우주 및 사회에서의 인간의 자리들도 변화시키는 데 복무한다"[82]는 사실을 보여 주기 시작했다.

---

79 Ibid.
80 Segal, "Victor Turner's Theory of Ritual," 333.
81 Ibid., 334.
82 Ibid.

그러나 터너의 사고에서 이렇게 강조점이 변화하였으나 여전히 몇몇 기본적인 문제들은 해결되지 않은 채로 남아 있다. 캐서린 벨(Catherine Bell)이 관찰한 바와 같이, 두 가지 접근들, "연속성의 기제로서, 즉 변화에 맞서는 방식으로서"의 의례와, "적응 혹은 통합을 통하여 변화를 감당하는" 것으로서의 의례라는 두 가지 접근 중 그 어떤 것도 의례가 갖는 기본적인 역동성을 이해하는 데 만족스러운 이론적 기초를 제공해 주지 못한다.[83] 벨은 다음과 같이 쓰고 있다.

의례는 본질적으로 변화를 거부하거나 수용하는, 껴안는 것과 관련되지 않을 수도 있을 것이다. 보다 유용한 접근 방법이라면, 의례의 사회적 역할을 제한하지 않으면서, 터너의 … 연구 작업이 갖는 많은 성찰들을 포괄할 것이다. 그런 접근이라면, 한편으로는 변하지 않는 전통 혹은 문화적 적응에 복무할 수 있게 하는 동시에, 다른 한편으로는 의례들이 그것에 따라 변화되는 논리를 분명하게 만들어 주는 의례의 내재된 역동성을 밝히려고 시도할 것이다.[84]

---

83 Catherine Bell, "Ritual, Change, and Changing Rituals," *Worship* 63:1 (January 1989), 33.
84 Ibid., 34. "의례의 역학에 관한 사회-분석적 접근"을 형성하려는 벨 자신의 노력은 자신의 저서, *Ritual Theory, Ritual Practice* (New York: Oxford University Press, 1992)에서 찾아볼 수 있다.

4. 요약

캐서린 벨이 "의례와 그 사회적 역할에 관한 널리 퍼져있는 학문적 가설들"이라고 이름을 붙인 "대표적인 의견 일치"는 제1장에서도 논했듯이, 이전에는 결코 시도된 적이 없는 그 무엇, 곧 의례적 행위에 대한 일종의 "정치학"을 창출해 보려는 과감한 전략의 일부로서 형성된 것이었다. 의례적 행위에 대한 일종의 정치학이란 인간 사회들이 의미들과 가치들을 의례적으로 전유하고 정기적으로 검토하고 갱신함으로써 그들의 결집력과 생존을 어떻게 확보하는가에 관한 체계적 연구이다.

이러한 새로운 학문은 에이든 카바나의 연구 작업에서 시작되었음이 분명하다고 내가 제시한 바 있다. 또한 이보다는 미약하나 마크 설의 저작에서도 이 점이 나타난다. 카바나는, 『의식의 요소들』(Elements of Rite)의 서론에서 제2차 바티칸 공의회의 전례헌장의 일부 내용들을 비판하고 있는데, 특히 제34항에서 개혁된 의식들(rites)은 "간단 명료하여야 하며 … 쓸데없는 반복을 삼가야" 한다고 선언한 점을 비판하고 있다.

> 우리가 … 의례적 콘텍스트 안에서 산 자와 죽은 자에 관하여 생각하게 되면, 즉 역사적으로 생각하게 되면, 이내 인간의 의례들이란 간단할 수 없고, 명료할 수도 없으며, 반복이 없을 수도 없다는 사실을 깨닫게 된다. 의례들은 길고, 대단히 모호하며, 엄청나게 반복적인 경우가 훨씬 많다. 이는 많은 사람이

동시에 의례에 참여하기 때문에 그러하다. 의례들은 시간이 걸리고, 반복을 요구하며, 참여자들이 가지고 오는 의미의 서로 다른 많은 측면을 포괄한다. 이렇게 시간이 소요되는 반복이 아예 없는 예전은 리듬이 없는 예전이다. 리듬이 없는 예전은 능동적인 참여를 전혀 허락하지 않거나 거의 허락하지 않는다. 참여 없는 예전은 핵심적 의미를 전혀 전달하지 못하거나 거의 전달하지 못한다. 바로 이런 이유 때문에 의례는 하나의 상징체계이다. … 상징들은 우리로 하여금 의미의 늪지로 들어가도록 구슬리고, 그 늪지 안에서 즐겁게 뛰놀라고 요구한다.[85]

우리는 카바나의 주장으로부터, "사회적 드라마로서의 의례"라는 터너의 개념과의 연관성을 감지할 수 있다. 이 사회적 드라마로서의 의례는 의미들을 구현하고 전달하는 하나의 상징체계를 통하여 사회들이 그 갈등을 표출하고 또 일체감을 회복하는 하나의 수단이 된다.

본 장에서 나는 의례에 관한 터너 자신의 견해들이, 특히 그의 말년에, 어떻게 진화하고 확장되어 나아갔는지를 보여 주려고 시도했다. 또한 주변부 집단들, 예를 들면 AA 모임 등에서 "새롭게 출현하는 의례"라는 식별 가능한 사실들과 커처, 그라임스, 벨 등의 학자들에 의한 최근의 연구, 이 두 가지 모두가 의례의 뿌리와

---

[85] Aidan Kavanagh, *Elements of Rite: A Handbook of Liturgical Style* (New York: Pueblo, 1982; Collegeville: The Liturgical Press, 1990), 5. 강조가 추가되었다.

역할에 관한 (고전적인) 인류학적 설명에 변화가 필요하게 만들었음을 보여 주려고 시도했다. "널리 퍼진 학문적 가설"은 의례들이란 "의미들"을 산출해 내는 것을 목표로 하는 하나의 "상징체계"라고 주장하고 있다.

그래서 제3장에서는 그 어떤 인류학자도 이런 가설을 더 이상 당연시하고 있지 않다는 점을 밝힐 것이며, 실제로 의례는 심지어 미셸 푸코(Michel Foucault)의 "자기의 테크놀로지" 가운데 하나로 상상될 수도 있다는 점을 밝힐 것이다.

LITURGY

AND

THE SOCIAL SCIENCES

제3장

의례와 예배 연구의 새 지평

제2장의 결론에서 나는 다수의 그리스도교 학자들 사이에 의례의 "인류학적" 뿌리들과 역할들에 관한 지배적인 학문적 의견 일치가 이루어져 있으며, 이는 전통적인 예전이 코드화된 의미들을 가리키는 상징체계로 이루어져 있다는 확신과 연결되어 있다는 점을 밝힌 바 있다. 인류학자 로이 라파포트(Roy Rappaport)의 주장에 따르면, 이러한 의례적 코드화는 의례 참가자들이 결정하거나 지정하는 것이 아니라 "주어진" 것으로서, "형식적 행위들과 발화들의 다소 불변하는 연속적 차례들(sequence)"로부터 유래한다.[1]

예전의 순서들은 공적인 것이고, 이에 참여하는 일은 개인의 신앙적 상태와 관계없이 공적인 순서를 공적으로 수용하는

---

1 "The Obvious Aspects of Ritual" in Roy A Rappaport, *Ecology, Meaning, and Religion* (Richmond, Calif.: North Atlantic Books, 1979), 173-221을 보라.

것을 뜻한다. 따라서 수용이란 근본적으로 사회적 행위이며, 공적 순서들을 위한 기초를 형성하는 것인데, 이는 알 수 없고 변덕이 심한 신앙 혹은 신념으로는 수행할 수 없는 일이다.[2]

라파포트에게 있어 예전의 순서란, 그 정의에 있어서, 자연과 우주에 관한, 그리고 사회 구조와 도덕적 규칙들에 관한 올바른 범주들을 제공하는 공적인 것이며, 이로써 예전 참여자들은 이러한 범주들을 자신의 사적인 영역에서도 적용하도록 예상된다.

예전의 순서를 수행하는 행위는 그 자체로 의례의 규칙들과 규범들과 가치들에 순응할 의무를 공적으로 부과한다. 예전 행위들을 수행함으로써 수용된 이 의무들은 그 이후의 불신이나 위배 등에 의해 무효화되지 않는다. 따라서 예전 순서들은, 예전 참여자들의 수행 실패나 불성실한 수행, 혹은 자의적 수행 등의 가능성이 있음에도 불구하고, 그 순서들이 코드화해 놓은 관습들을 확립하고 보존한다.[3]

이러한 내용이 통상 "예전의 순서들"이라고 우리가 명명하는 의례들의 본질에 관한 "고전적 의견 일치"였다. 그러나 지금까지 살펴보았듯이 이는 오늘날 상당수의 비평가에 의해 폭넓게 도전받고 있다. 여러 가족에 관하여 연구한 데이비드 커처(David Kertzer)는 이미 미국에서 의례가 박탈당했다는 잘못된 신화를

2　Ibid., 194.
3　Ibid., 197을 보라.

뒤엎어 버린다. 로널드 그라임스(Ronald Grimes)는 새롭게 출현하는 의례, 특히 소외된 그룹들과 개인들에게서 나타나는 의례들이 갖는 중요성을 밝히고 있다. 캐서린 벨(Catherine Bell)은 기존의 인류학적 의견 일치가 근거하고 있는 이론의 타당성에 대해 의문을 던지면서, 의례는 본래 전통을 보전하기 위한 것도 아니고 변화를 촉진하기 위한 것도 아니라고 주장한다.

본 장에서 나는 인류학자들과 사회학자들 사이에 나타나는 의례 연구의 새로운 방향들을 스케치하면서, 이러한 방향들이 그리스도교 예전과 의례들에 대한 우리의 이해를 어떻게 재형성하는지를 살펴보고자 한다.

1. 의례 그리고 자기의 테크놀로지

내가 검토하고자 하는 새로운 접근의 첫 번째는 영국 학자인 탈랄 아사드(Talal Asad)의 연구로부터 나온 것으로, 아사드는 지난 20여 년 동안 서구의 수도원 생활이 종교 의례에 관한 우리의 이해에 현저하게 이바지해 왔다는 사실을 연구했다.[4] 아사드는 이렇게 주장한다. 중세 베네딕도 수도원에서의 의례는 의미의 산출을 목표로 하는 상징체계가 아니라, 테크놀로지(technology), 즉 습득

---

[4] 미시간주립대학교의 인류학과 교수인 프레드 로버츠(Fred Roberts) 박사는 나에게 탈랄 아사드(Talal Asad)의 연구를 알려 주었고, 또한 예배학 분야에서 그것이 갖는 의미를 알려 주었다.

된 능력 혹은 체화된 기술이었는데, 이는 "덕 있는 자기," 즉 순종적이고 겸손하며 순결하고 자비를 베풀며 동정심 많고 환대할 줄 아는 현명한 인간의 산출을 목표로 하는 것이었다.

의례적 테크놀로지에 관한 아사드의 담론은 미셸 푸코(Michel Foucault)의 작업과 연결되어 있다. 푸코의 연구는, 그 자신의 표현을 빌리면, "우리의 문화 속에서, 인간이 스스로에 관한 지식을 발전시켜 온 서로 다른 방식들의 역사를 밝혀내는 것으로서, 여기엔 경제학, 생물학, 정신분석학, 의학, 형벌학(penology) 등이 해당한다."[5] 푸코는 이러한 지식을 단지 액면가 그대로 받아들이는 대신, 이 학문을 인간이 스스로를 이해하기 위해 사용하는 특정 테크놀로지들과 연관된 '진실 게임들'로 보려고 했다.[6]

이런 테크놀로지들은 다음 네 가지의 근본적인 범주들로 나뉜다.

① 생산의 테크놀로지: "우리가 생산하고 변형하거나 통제하게 한다."
② 기호 체계의 테크놀로지: "우리로 하여금 기호, 의미, 상징, 혹은 의미화를 사용하게 한다."
③ 권력의 테크놀로지: "개인의 행동을 결정하고, 그것을 특정한 목적, 혹은 지배에 종속시키며, 주체를 객관화하게 한다."

---

5 Luther H. Martin, Huck Gutman, and Patrick H. Hutton, eds., *Technologies of the Self: A Seminar with Michel Foucault* (Amherst: The University of Massachusetts Press, 1988).

6 Ibid., 18.

④ 자기의 테크놀로지: "개인으로 하여금 스스로의 수단으로, 혹은 타인의 도움으로, 자신의 몸, 영혼, 사고, 행위, 존재 방식 등에 일정 정도의 영향을 줌으로써, 스스로를 변형시켜 일정 정도의 행복, 순수함, 지혜, 완벽, 혹은 불멸성 등에 도달하게 한다."[7]

따라서 자기의 테크놀로지에 대하여 논의하는 것은 곧 "개인이 스스로에 대하여 어떻게 행동해 왔는지의 역사"에 관해 논의하는 것이며, 또한 자기와 타자들 사이의 상호 작용을 논의하는 것이다. 왜냐하면, 이 상호 작용은 지배 혹은 권력의 전략에 따라 이루어지기 때문이다.[8]

이 자기의 테크놀로지는 자폐적이고 특유한 또는 고립된 과정이 아니라는 점에 주목해야 한다. 실제로 이 표현은 초기 그리스도교 저자들이 '쿠라 아니마이'(cura animae), 곧 "영혼의 돌봄"이라고 불렀던 것과 밀접하게 연관되어 있다.[9] 이 '쿠라'(cura, 돌봄)는 주로 금욕주의의 수행들, 예를 들면 절제, 통제, 고행, 기도, 정화 등을 통하여 활용되고 실행된다. 그러나 자기 돌봄이 개인적인 것이라고

---

[7] Ibid., 푸코(Foucault)는 이 테크놀로지들이 개별적으로 작동하는 경우는 거의 없다는 점을 지적한다. 나아가, 그 테크놀로지들은 각각 "훈련의 어떤 유형들 및 개인들의 변화를 의미하는데, 이는 어떤 테크놀로지들을 습득한다는 명확한 의미에서뿐만 아니라 어떤 태도를 습득한다는 의미에서도 그러하다."

[8] Ibid., 19.

[9] 푸코가 닛사의 그레고리우스(Gregory of Nissa)와 같은 저자들에게서 인용한 예들을 보라. Ibid., 20-22.

하더라도, 그리스도인들에게는 본래 그리고 명백하게 사회적인 것이기도 하다. 따라서 '쿠라 아니마이'의 금욕주의적 수행은 필연적으로 의례를 포함하게 된다는 점은 놀라운 일이 아니다.

그러므로 자기의 테크놀로지는 개인이 수행하는 "의식들"(rites)과 사회 전체가 수행하는 "의례 구축"(ritual construction) 모두를 포함한다.[10] 그 이유는 푸코가 인간의 몸을 단순한 개인적 소유가 아닌 "한 정치적 장"(a political field)으로 보고 있기 때문이다.[11] 이에 대하여 캐서린 벨은 다음과 같이 쓰고 있다.

> 푸코에게 있어 몸이란 "가장 미세하고 지엽적인 사회적 실행들이 보다 큰 규모의 힘의 조직들과 연결된 곳"이다. 몸은 정치적 장이다.
> "권력 관계들이 정치적 장인 몸에서 직접 힘을 행사한다. 몸에 투자하고, 몸에 흔적을 내고, 훈련하며, 고문하고, 임무를 수행하게 하며, 의식을 수행하게 하고, 신호를 보낸다."
> 몸은 권력 관계의 가장 기초적이고 근본적인 단계, 다시 말해 권력의 미시 정치학의 "미립자 물리학"(microphysics)이다. 푸코는 의례화(ritualization)란 힘이 작용하는 핵심적 방식이며,

---

[10] Catherine Bell, *Ritual Theory, Ritual Practice* (New York: Oxford University Press, 1992), 97-98을 보라. 그녀는 다음과 같이 푸코를 비판한다. 비록 푸코가 "힘의 기제와 역학을 강조하기 위하여 '의례'의 명명법을 일관되게 선택한다 하여도," 그는 "자율적 현상으로서의 의례에 관해 설명하기 위해서 의례를 그 자체로 분석"하고 있지 않다. 98, 201.

[11] Ibid., 201.

몸의 정치적 테크놀로지를 구성한다고 암시하는 듯하다.[12]

따라서 의례는 개인적인 몸, 몸의 정치학, 그것들의 복잡하고도 피할 수 없는 상호 작용들을 새겨 넣는 한 방식이다. 푸코의 연구, 그리고 쥘리아 크리스테바(Julia Kristeva)와 같은 여성주의 사상가들의 연구는 우리가 몸에 관한 새로운 이미지를 형성하도록 도와준다. 이제 몸은 더 이상 의붓자식이 아니다. 즉,

> 정신의 육체적 도구가 아니라는 뜻이다. 이제 몸은 더욱 복잡하고 더 이상 축소할 수 없는 현상, 이름하여 사회적 인간(the social person)을 의미한다.[13]

이런 새로운 이미지는 불가피하게 의례와 연결되어 있다.

푸코에게 있어서 "몸"이란 17세기 후반에 더욱 지엽적인 사회적 실행들이 더 큰 규모의 힘의 조직들과 연결된 장으로 나타난 것이었다. 푸코는 고문을 통해 몸에 표식을 새기는 것으로부터 신앙 고백적 일상, 그리고 공간의 통제에 이르기까지의 예를 들어 "권력의 의례들"이 어떻게 몸의 특정한 정치적 테크놀로지"를 형성해 내었는지를 보여 준다. 그는 권력 행사의

---

[12] Ibid., 201.
[13] Ibid., 96.

매개로서의 몸은 "생체권력"(bio power)의 테크놀로지에 근거를 둔 새로운 정치적 합리성과 연결되었다고 주장한다. 이처럼 몸이 역사 속에서 핵심으로 떠오른 것은, 생물학과 권력의 제도적 매개들 사이에 있는 새로운 단계를 분석할 수 있게 했고, 나아가 인간 과학(human sciences)의 출현을 이끌었다.[14]

실제로 몸에 관한 이러한 근대적 재해석이, 즉 권력과 정치의 의례적 협상을 위한 장이라는 몸의 새로운 이미지로서의 재해석이 인류학이나 사회학과 같은 근대 인간 과학을 가능케 해 주었다.

자기의 테크놀로지는 이처럼 고대와 근대 모두에 뿌리와 결과를 두고 있다. 고대의 잘 알려진 두 개의 격언이 있는데, "너 자신을 알라"와 "너 자신을 돌보라"이다. 그러나 푸코는 다음과 같이 지적한다.

> 근대에 와서 두 가지 원칙 사이의 위계질서상 역전이 일어났다. … 그리스-로마 문화권에서는 자신을 아는 일이 자신을 돌보는 일의 결과로 나타나는 것이었다. 그러나 근대에 와서는 자신을 아는 일이 더 근본적인 원칙이 되었다.[15]

---

14 Ibid., 97.
15 Martin et al., eds., *Technologies of the Self*, 22.

따라서 오늘날 많은 서구 문화권에서는 자신을 아는 일(자기 인식)이 최상의 가치로 자리 잡았지만, "자신을 돌보는 일"(자기 배려)은 의심의 대상으로 여겨지고 있다. 이런 상황을 푸코는 다음과 같이 요약하고 있다.

> 서구 사회의 도덕적 원칙들에 심대한 변화가 있어 왔다. 우리는 세상의 다른 그 무엇보다 자기 자신을 돌보아야 한다는 인식에 엄격한 도덕과 근엄한 원칙들을 기초시키기 어렵다고 느낀다. 오히려 우리는 우리 자신을 돌보는 일이 부도덕한 것이라고, 다시 말해 다른 도덕적 규칙들을 회피하는 수단이라고 여기는 경향이 있다. 우리는 자기 포기를 구원의 조건으로 여기는 그리스도교적 도덕성의 전통을 물려받았다. 따라서 자신을 아는 일이 역설적으로 자신을 포기하는 방식이 되었다. … 또한 우리는 다른 이들과의 관계 속에서 수용될 만한 행위의 규칙들을 찾는 사회적 도덕성의 상속자들이기도 하다. … 따라서 스스로에게 관심을 갖는 일을 도덕성과 양립 가능한 것으로 보기는 어렵다. "너 자신을 알라"가 "너 자신을 돌보라"를 흐리게 만들고 있다. 왜냐하면, 우리의 도덕성, 곧 금욕주의적 도덕성이 자기를, 거부해야 할 그 무엇으로 주장하고 있기 때문이다.[16]

---

16 Ibid.

그러나 근대에 와서 뒤바뀐 것이 자신을 아는 일과 자신을 돌보는 일 사이의 위계질서상 관계만은 아니다. 푸코의 연구에 따르면 그리스도교의 역사는 "극적인 혹은 언어화된 자기의 드러냄(disclose)과 자기의 포기(renunciation) 사이의" 밀접한 상호 관련성을 보여 준다.[17] 자아를 드러냄, 즉 스스로에 관한 진실을 드러내는 일에는 두 가지 주요 형태가 있는데, 두 가지 모두 교회에서 행하던 참회의 훈련 속에 뿌리를 둔 "테크놀로지"이다.

그 첫 번째 형태는 그리스와 라틴의 그리스도교 문서에서 '엑소몰로게시스'(*exomologesis*, ἐξομολογησις, 통상 "참회 혹은 고백"[confession]으로 번역[동방 교회의 공적 고해성사 -역주]), 즉 "죄인으로서의 자신의 신분을 명백하게 드러내는 참회의 상황을 극적으로 표현하는 것"이다.[18] 푸코는 그리스도교가 "구원의" 종교일 뿐 아니라 "고백의" 종교라고 말한다.[19] 그 종교는 교리에 대해서뿐만 아니라 자기에 대하여 "진실에 관한 매우 엄격한 의무"를 부과한다.

각자는 자기에 대하여 알아야 할 의무를 지니는데, 이는 자기 안에서 무슨 일이 일어나고 있는지를 알고, 과오를 인정하며, 유혹을 인식하고, 욕망을 밝혀내려고 애를 써야 한다는 뜻이며, 이 모든 일을 하나님 또는 공동체 안의 다른 사람들 앞에서 드러내고, 스스로에 대하여 개인적으로 혹은 공적으로 간증할 의무를

---

17 Ibid., 48.
18 Ibid., 40.
19 Ibid.

지닌다는 뜻이다. 신앙에 대한 진실의 의무와 스스로에 대한 진실의 의무는 서로 연결되어 있다.[20]

공적 고해(엑소몰로게시스)는 자기에 대한 끔찍한 진실을 발견해 내고 판독해 내는 수단이었다. 그것은 "사실의 인식," 즉 "스스로를 죄인이며 회개하는 자로 인식하는 의례"로 행해졌다.[21] 공적 고해가 일차적으로 언어적 수행이 아니었다는 사실에 주목하자. 그것은 "참회자로서의 신분에 관한 극적인 인정"이었다.[22]

예를 들어 라틴 그리스도교 저자인 테르툴리아누스(Tertullian)는 이 그리스어 단어를 라틴어로 '푸블리카티오 수이'(*publicatio sui*, "자기의 공개")라고 해석했다. 그는 이 단어를 스토아학파가 했던 것처럼 사고와 행위의 언어적 혹은 정신적 분석으로 본 것이 아니라, 육체적이고 상징적인 행위(a somatic and symbolic activity)로 보았다.[23] 자기의 공개(푸블리카티오 수이)는 죄를 설명하기 위한 방식이 아니라 자신을 죄인으로서 드러내고 보여 주기 위한 방식이었다. 따라서 "드러냄"이 "참회와 고백의 핵심"이다.[24]

그리스도교의 참회는 일종의 자발적인 "의례적 순교"(ritual martyrdom), "자기, 과거, 세상"과의 완전한 "단절," 그리고 "삶과

---

20 Ibid.
21 Ibid., 41.
22 Ibid. 고해성사(penance)의 그리스도교 의례로서의 역사적 뿌리에 대해서는 J. A. Favazza, *The Order of Penitents: Historical Roots and Pastoral Future* (Collegeville: The Liturgical Press, 1988)을 보라.
23 Martin et al, eds., *Technologies of the Self*, 42를 보라.
24 Ibid.

자신을 포기할 수 있다는 것, 또한 죽음을 직면하고 받아들일 수 있다는 것" 등을 보여 주는 한 수단이다.[25]

초대 그리스도교의 참회에 나타난 의례 테크놀로지(ritual technology)란 개인 혹은 집단의 정체성을 확립하거나 유지하는 것을 목표로 한 것이 아니었다. "고전적 의견의 일치"에서는 이것을 의례의 전형적 목표라고 해석하고 있지만 말이다. 그보다는 오히려 "자기 부정, 자기로부터의 단절"을 목표로 하는 것이었다.[26] 그것은 "과거의 자기 정체성과의 결별"을 뜻했으며, "자기 폭로는 동시에 자기 파괴였다."[27] 푸코는 그리스도교의 공적 고해 의례와 스토아 전통의 자기 검증(self-examination) 사이의 차이점을 다음과 같이 요약하고 있다.

> 스토아 전통에서의 자기 검증, 심판, 훈련은 기억을 통해, 즉 규칙의 암기를 통해 자신에 관한 진실을 덧붙임으로써, 스스로를 알아가는 방식을 보여 주고 있다. 공적 고해에서는 참회자가 폭력적 단절과 분리를 통하여 자신에 관한 진실을 덧붙인다. 이때 공적 고해는 언어적인 것이 아니라는 사실을 강조하는 일이 중요하다. 그 공적 고해는 상징적이고 의례적이며 또한 연극적이라는 사실을 강조하는 일이 중요하다.[28]

25　Ibid. 43.
26　Ibid.
27　Ibid.
28　Ibid. 강조가 추가되었다.

그리스도교의 수도원 안에서는 공적 고해의 의례가 변화하기 시작하였다. 위에서 살펴보았듯 자기의 공개라는 이전의 참회 개념은 "자기 자신이 죄인임"을 의례적으로 "보여 주는 것"을 목표로 하는 것이었다. 그러나 순명(obedience)과 관상(contemplation)이라는 다른 이데올로기가 수도원 생활을 지배하게 되었다.

개인적 자율도 『베네딕도 수도규칙』(the Rule of Benedict)[29]에서 "사적 소유의 악습으로"(RB 33) 상징화되어 있어서 허락되지 않았다. 허락 없이 행해지는 일체의 행동은 도둑질에 해당하는 것이었다. 자유를 다시 훔치는 일은 수도승들이 수도원에 입교할 때 이미 버리고 포기했던 통제권을 훔쳐 오는 일이었다.[30] 더 나아가 수도원 생활의 목표는 관상으로 이해되었다. 이에 대하여 푸코는 다음과 같이 쓰고 있다.

> 자신의 사고를 끊임없이 하나님께로 돌리고, 자신의 마음을 하나님을 볼 수 있을 정도로 순수하게 유지하는 것이 수도승의 의무이다.[31]

이 두 가지 요소는 수도원에서 발전된 자기의 테크놀로지(technology of self)가 명백한 특징을 지니게 되었음을 의미했다.

---

[29] 『베네딕도 수도규칙』 이하 RB로 표기함.
[30] Martin et al., eds., *Technologies of the Self*, 45.
[31] Ibid.

순명과 관상이라는 이상에 지배를 받는 수도원의 이데올로기는 행동보다 사고에 초점을 맞춘 것이었다. 푸코는 다음과 같이 언급하고 있다.

> 수도승은 끊임없이 자신의 사고를 하나님께로 향해야 했기 때문에 이러한 사고의 실제 과정들을 자세히 살펴야만 한다. 이런 면밀한 검증은 하나님께로 인도하는 사고와 그렇지 않은 사고 사이의 영원한 구분을 그 목적으로 삼는다. 현재에 관한 이런 지속적 관심은 행위들에 관한 기억이나, 저들의 규칙에 상응하는 것과는 다른 그 무엇이었다. 그것은 그리스인들이 경멸적인 의미로 사용했던 단어, 즉 사려(로기스모이, *logismoi*, "숙고, 추론, 계산적 사고")에 해당하는 것이었다.[32]

수도승의 삶은 양심을 지속적이고도 면밀하게 검증하는 것, 즉 "생각을 고정하고, 하나님에게서 벗어나려는 영혼의 움직임을 제거하기 위해" 최상의 노력을 기울이는 것이었다.[33] 여기서 우리는

---

[32] Ibid.
[33] Ibid., 46. 자신의 설명을 위해 푸코는 요한 카시아누스(John Cassian)가 사용했던 세 가지 비유를 원용하고 있다. 카시아누스는 수도승들이 끊임없는 면밀한 자기 성찰을 통해 어떻게 "스스로를 지켜야" 하는지에 대하여 기술하고 있다. 푸코는 "환전상"에 대한 카시아누스의 비유를 언급하면서 다음과 같이 말한다. "양심이 자아의 환전상이다. 동전들과 그 동전의 형태, 동전의 재질, 그 동전이 어디에서 온 통화인지 등을 검증해야 하며 … 화폐에 황제의 모습이 새겨져 있듯이, 우리의 생각에는 하나님의 형상이 새겨져 있어야 한다. 우리는 우리 생각의 질(quality)을 검증해야 한다. 우리 생각 속의

"내적 사고의 해독"을 강조하고, 또한 "우리 자신 속에는 무언가 숨겨진 것이 있다. … 우리는 항상 비밀을 감추고 있는 자기기만 속에 있다"라고 암시하는 "자기에 관한 그리스도교적 해석학"의 출발점을 보게 된다.[34]

바로 이 자기기만의 위험 때문에 수도승들에게는 자신들의 사고가 영적이며 순수하다는 사실을 확실하게 드러낼 수 있는 단 한 가지 방법이 있었는데, 그것은 모든 것을 하나도 숨김 없이 자신의 감독관 혹은 상급자에게 말하는 것이었다. 여기서는 이런 자기 검증과 "고백"의 과정이 언어적이며 분석적이었다는 사실에 주목해야 한다.

초기 그리스도교의 참회(penance)는 상징적이며 놀이적인 전략에 의존하는 것이었다(공적 고해 = 자기 공개는 스스로를 죄인이라고 의례적으로 드러낸다). 한편, 수도원의 자기 검증은 영적 "상급자"에 대한 복종으로써 자신의 내적 사고를 끊임없이 언어화해야 하는 필요성에 역점을 두는 것이었다. 즉 '엑사고류시스'(ἐξαγόρευσις)는 언어적 "해설"로서, 다른 이에게 말을 통해 스스로에 관하여 고백하는 것이 되고 말았다. 푸코는 이 두 가지 전략에 대해 이렇게 말하고 있다.

하나님의 형상은 참된 것인가? 그 순수함의 정도는 어떠한가? 그것이 욕망 혹은 강한 성욕 등과 섞여 있지 않은가?"(47)

34 Ibid., 46.

[두 전략은] 공통으로 하나의 중요한 요소를 가지고 있다. 포기(renouncing)하지 않고서는 자신을 드러낼 수가 없다. 먼저 공적 고해는 순교를 그 표본으로 하였다. 공적 고해에서 죄인은 금욕적 금식을 통하여 자신을 "죽여야만" 했다. … 반면, 고백(엑사고레시스, *exagoresis*)에서는 자기 생각을 영원히 언어화하고 상급자에게 영원히 순종함으로써 스스로의 의지와 자기를 포기하고 있다는 것을 보여 준다.[35]

자기 포기라는 이 주제는, 그것이 공적 고해라는 의례적 순교이든, 수도원에서의 자기 검증과 고백이라는 언어적/분석적 순교이든 그리스도인의 삶에 막대한 영향력을 행사해 왔다.[36] 이를 촉진해 온 두 가지 테크놀로지 가운데 후자, 즉 언어화가 그리스도교 안에서뿐만 아니라 새로이 출현하는 "인간 과학들" 안에서도, 마침내 가장 중요한 위치를 차지하게 되었다. 푸코는 이렇게 지적하고 있다.

18세기로부터 현재까지 언어화의 테크놀로지가 소위 인간 과학들에 의해 다른 맥락 속에 다시금 삽입되어, 자기를 포기하지 않고 오히려 긍정적으로 새로운 자기를 형성하기 위하여 사용되어 왔다. 이처럼 자기를 포기하지 않은 채 이런 테크놀

---

35 Ibid., 48.
36 Ibid.

로지를 사용하는 것은 결정적인 단절을 초래하였다.[37]

이에 따라 이전의 그리스도교적 "자기의 테크놀로지"와, 그리고 그 귀결로서 수도원 생활에서 이루어진 "자기의 해석학"은 근대의 사회학과 인류학에 의하여 다시 사용되었고 재해석되었다. 고전적 그리스도교 금욕주의에서 그랬듯, 이제 자기 포기는 더 이상 그 중심이 아니고, 새로운 자기의 창출, 새로운 정체성의 형성이 그 중심이 되었다.

그러나 탈랄 아사드의 연구가 보여 주듯, 서구의 수도원 전통, 특히 『베네딕도 수도규칙』은 새로운 정체성의 창출로서의 자기 드러냄이라는 "근대적 강조점"과 유사한 견해를 자기 포기로서의 자기 드러냄이라는 이전의 그리스도교의 강조점에 결합했다. 아사드는, 『베네딕도 수도규칙』에서 의례가 인간 행위의 한 양식 혹은 전문화된 범주로 인식되지 않았다고 지적하고 있다. 현대 예배학자들과 인류학자들도 아마도 그렇게 생각할 것이다.[38]

---

37 Ibid., 49.
38 의례를 근본적으로 "다른 행위의 방식과 스스로를 차별화하는 행위의 한 방식"이라고 보는 캐서린 벨(Catherine Bell)과 같은 학자들의 의견에 아사드는 그다지 동의하지 않을 것이다. 그는 다음과 같이 쓰고 있다. "나에게는 의례적 행위가 일상적 행위나 실용적 행위와 보편적으로 다른 것이라는 주장이 말이 안 되는 것처럼 들린다. 이는 종교가 이성 또는 사회과학과 대비를 이룬다는 주장이 말이 안 되는 것과 마찬가지다." 이에 대해서는 "On Discipline and Humility in Medieval Christian Monasticism," in Talal Asad, *Genealogies of Religion* (Baltimore: Johns Hopkins University Press, 1993), 167을 보라. 아사드는 종교와 의례에 관한 클리퍼드 기어츠(Clifford Geertz)의 견해에 대해서도 비판적인데, 이에 대해서는 "Anthropological Conceptions of Religion: Reflections on Geertz," *Man* (NS) 18:2 (1983), 237-59를 보라.

수도원의 예전과 의례는 그 본질에 있어서 "상징적이고, 구조적이며, 규범적이고, 변경 불가능하며, 비(非)기술적(non-technical)이고, 전통적이며, 또한 반복적인" 형식적 행위들(formal activities)로 여겨지지 않고 있다.

실제로 『베네딕도 수도규칙』은 수도승들의 세 가지 주요 일상업무인 성무일도(the Divine Office, 오푸스 데이, *opus Dei*)의 낭송, 육체노동, "거룩한 독서"(렉티오 디비나, *lectio divina*)를 대략 비슷한 시간을 할애해야 하는 똑같은 활동으로 여긴 듯하다.[39] 또한 성무일도를 육체노동이나 독서와는 대립되는 일종의 상징적 행위라고 말하고 있지도 않다. 아사드는 『베네딕도 수도규칙』에 나타난 수도원의 "예전"(liturgy)에 관해 다음과 같이 관찰하고 있다.

> 예전(liturgy)이란 기술적(technical)이라고 규정된 활동들과는 구분되는 '구현된 상징주의'(enacted symbolism)의 일종이 아니라, 그리스도교적 덕목들을 습득함에 있어서 필수적인 하나의 실행(a practice)이다. 다시 말해 예전은 교육적 이유에서, 실제에 있어서가 아니라 단지 개념상으로만 수도원의 여타 프로그램과 분리될 수 있다. … 『베네딕도 수도규칙』에서 규정해 놓은 모든 실행들은, 그것이 먹고, 자고, 일하고, 기도하는 일 등과 관련된 것이든, 혹은 적절한 도덕적 태도와 영적 적성에 관련된 것이든, 모든 경우에 "하나님을 섬기는 일"을 위한

---

39 *RB* 47과 48을 보라.

덕목들을 함양하는 것을 목표로 한다.[40]

따라서 수도원에서 생활하는 남녀의 덕목들은 특정한 방식들, 곧 겸손하게, 순명하며, 연민을 가지는 방식들에 따라 자신의 몸을 움직여 행동하는 능력을 개발함으로써 형성되었다. 그것이 어떤 행동이든 여기에 해당되었다. 이는 『베네딕도 수도규칙』의 "겸손의 12단계"에 관한 설명 속에 잘 나타나 있다.

> 겸손의 12단계는 수도승이 마음속으로만이 아니라 태도에서도 항상 겸손함을 드러내야 한다는 것을 뜻한다. 그리하여 예배당에서든 수도원에서든 혹은 정원에서든, 여행 중이든, 들에 나가든, 그 어느 곳에서도 그가 하나님의 일, 성무를 수행하고 있다는 점이 명백하게 드러나야 한다는 것이다. 그는 앉든, 서든, 걷든 항상 머리를 숙여야 하고 시선은 아래를 향해 떨구어야 한다.[41]

따라서 『베네딕도 수도규칙』에서 의례란 몸에 각인된 것으로, 체현된 실천, 연습, 일상적인 것으로 여겨진다. 이는 정원에서

---

40 Talal Asad, "Toward a Genealogy of the Concept of Ritual," in *Genealogies of Religion*, 63. 강조가 추가되었다.

41 RB 7.62-63. 다음의 책에서 번역하였다. *RB 1980: The Rule of St. Benedict in Latin and English with Notes*, Timothy Fry et al., eds. (Collegeville: The Liturgical Press, 1981), 201.

일을 하거나, 수도원 경외로 출장을 나가거나, 예배당에서 시편을 낭송하는 일 등에도 똑같이 적용되는 방식이다.

의례에 관한 이러한 이해는 명백하게 예전이 지니는 장대함, 엄숙함, 혹은 "규범성"(canonicity; 라파포트가 "예전의 순서들"에 적용했던 이 용어의 관점에서)과는 아무런 관련이 없다. 그것은 오히려 "규정된 바를 적절히 수행하는 것, 지적이고 실제적인 훈련에 의존하고 있으나 그 자체가 해석을 요구하지는 않는 그 무엇"을 목표로 하고 있다.

> 다시 말해서, 적절한 수행이란 해석되어야 할 상징들을 포함하는 것이 아니라, 권위에 의해 승인된 규칙들에 따라 습득된 능력들을 포함하고 있다. 여기에는 어떤 모호한 의미들이 전제되지 않으며, 오히려 육체적이고 언어적인 기술들(linguistic skills)의 형성을 전제한다.[42]

『베네딕도 수도규칙』에서 의례란 피부로 "사고하기"와 인간의 전 지각으로 "말하기"를 의미한다. 의례의 역할은 몸으로 하여금 물질적 수단을 통해 어떻게 영적 덕목을 함양하는지를 가르치는 것이다. 의례의 능력은 따라서 몸의 능력인데, 왜냐하면 몸은 "상징적 의미들의 매체가 아니라 체현된 적성의 집합체"이기 때문이

---

42 Asad, "Toward a Genealogy of the Concept of Ritual," 62. 강조가 추가되었다.

다.[43] 엄밀히 말하여 수도원의 의례들은 인식론적으로는 "비어" 있으며, "무의미한" 것이다.[44] 그들의 의미는 몸을 통하여 획득되고 해석된다. 그들의 "의미"는 피부에 새겨지며 피 속에 들어 있고 뼛속에 조각된다.

『베네딕도 수도규칙』에 따르면 하나님, 그리고 타자와의 영적 교류에 들어갈 수 있는 능력은 의례적으로 행위 하는 법을 배운 몸의 기능이다. 이는 피아니스트가 자신의 손으로 연습하고 연주함으로써 악보에 생명을 불어넣는 것과 같은 방식으로 덕을 "연습"하는 몸의 기능인 것이다.[45]

초기 베네딕도주의는 의례를 초기 그리스도교의 공적 고해(죄인인 자신을 의례적으로 드러내는 것), 수도원에서의 고백(자기 검증과 그것의 언어적 표현), 근대에 와서 "새로운 정체성의 창출"이라고 부르는 것에 그 뿌리를 둔 "자기의 테크놀로지"로 보았다. 『베네딕도 수도규칙』에서 자기 포기는 순교나 자기 파괴로 인도되는 것이 아니라 새로운 존재의 창출로 인도되는 것이다.

---

43 Ibid., 75.

44 Frits Staal, "The Meaninglessness of Ritual," *Numen* 26:1 (1979), 2-22를 보라. "의례에 관하여 널리 퍼져있으나 그릇된 가설이 하나 있는데, 이는 의례가 다른 무언가를 의미하는 상징적 행위들로 구성되어 있다고 하는 것이다. 그러나 의례는 자족적인 것이며 또한 자신에 몰두한다는 것이 의례 수행의 특징이다. 수행자들은 그들의 복잡한 임무를 적절하게 수행하는 것에 완전히 몰두한다. 그들은 자신들의 성스러운 울타리 안에 고립되어 자신들의 올바른 행위 수행 및 낭송과 찬송에 집중한다. 그것이 강박감이 아니라고 한다면, 그들의 일차적 관심은 규칙들에 관한 것이다. 그들이 의례를 수행할 때 그들의 마음속에는 상징적 의미들이 들어올 자리는 없다"(4).

45 Asad, "Toward a Genealogy of the Concept of Ritual," 76.

이 새로운 수도원적 정체성은 단 한 번의 성례전을 통하여 부여되는 것이 아니다. 오히려 이는 몸에 새겨진 기술들을 끈기 있게 학습함으로써 점차적으로 형성되는 것이다. 『베네딕도 수도규칙』에서는 글자 그대로 먹고, 일하고, 걷고, 자고, 기도하는 등 생활의 모든 측면을 의례적 규칙들이 지배하는 것처럼 보일 수 있으나, 그것들이 조직화나 과시를 목표로 하는 것은 아니다.[46]

오히려 의례적 구조들은 사회적 수단들을 제공해 준다. 이 사회적 수단들은 "덕스러운 자기의 창출"을 가능케 하는 "조직된 공동생활의 제도적 자원들"이다.[47] 이런 덕스러운 자기야말로 일하기(육체노동), 기도하기(성무일과), 읽기(거룩한 읽기) 등에 수반되는 무수한 규칙들과 의식들(rites)을 통하여, 그리고 고백과 자기 검증의 테크놀로지들을 통하여 천천히, 어쩌면 고통스럽게 드러나는 새로운 정체성이다.

요컨대, 『베네딕도 수도규칙』에 있어서 의례란, 인간들이 취하는 특정 행위나 그 범주라기보다는, 집단의 행위를 특징지어 주는 하나의 특성(quality)이다.[48] 이는 허버트 핑가레트(Herbert

---

46 Staal의 "The Meaninglessness of Ritual"를 보라. "그렇다면 의례는 일차적으로 행위이다. 그것은 명백한 규칙에 따라 이루어지는 행위이다. 중요한 것은 우리가 생각하거나 믿거나 말하는 것이 무엇인지가 아니라 우리가 무엇을 행하는가이다"(4).

47 Talal Asad, "Notes on Body Pain and Truth in Medieval Christian Ritual," in *Genealogies of Religion*, 83-124를 보라.

48 *RB*에 있어 의례는 인간의 행위(그것이 개별적으로 행해진 것이라 할지라도)를 집단적인 것으로 만든다고 말할지도 모르겠다.

Fingarette)의 다음과 같은 설명에 더 가까울 것이다.⁴⁹

> 의식(Rite)은 인간의 상호 작용에 내재된 궁극적인 존엄성을 강제적으로 끌어낸다. 또한 타인을 동등한 존엄성을 가진 존재로, 그리고 예(*li*, 禮)에 자유롭게 참여하는 공동의 참여자로 대우함으로써 나타나는 도덕적 완벽함도 끌어낸다. ⋯ 예식(ceremony), 즉 예(禮)를 수행한다는 것은 자신을 타인에게 완전히 여는 것을 의미한다. 예식은 공적이고, 함께 나누는 것이며, 투명한 것이기 때문이다. 반면 그 반대로 한다는 것은 비밀스럽고 모호하며 기만적이거나 그저 폭력적으로 강압적일 뿐이다. 인간은, 궁극적으로 자신과 같은 타인들과 이처럼 아름답고 존엄하며 함께 나누는 열린 참여를 통하여 스스로를 인식하게 된다. 이러한 완벽한 공동체야말로 신에게 드리는 예배에 있어 떼어낼 수 없는 부분, 곧 핵심적인 측면이 된다. ⋯
> 명백하게 성스러운 예식(ceremony)이란, 인간의 영역에서 또 다른 초월적 영역으로 주의를 돌리는 것이 아니라, 모든 진정한 인간 존재의 한 차원으로서 성스러운 것에 참여하고 이를

---

49 Herbert Fingarette, *Confucius-The Secular as Sacred* (New York: Harper Torchbooks, 1972), 16. 핑거레트(Fingarette)는 예(禮, *li*, 통상 "거룩한 의식" 혹은 "성스러운 예식"이라고 번역됨)에 관한 중국어 개념에 대하여 논하고 있다. 그는 궁극적으로 이 개념이 어떤 "의례주의"를 의미하는 것이 아니라, 우리가 인간 공동체의 의례 레퍼토리를 학습함으로써, 즉 다른 모든 이들을 "동등한 존엄성을 지닌 존재들"로 여김으로써, 인간이 되어 가는 예술(art)에 종사한다는 생각을 뜻한다고 주장한다.

표현하는 핵심적 상징으로 보아야 한다.⁵⁰

또한 이것은 『베네딕도 수도규칙』에 나타난 의례에 대한 기본 태도이기도 하다. 의식(rite)은 교회법에 따른 의미들을 코드화하고 사회적 결집을 보장하는 농축된 공동의 상징들을 형식적으로 표현한 것이 아니다. 오히려 의식은 새로운 자기를 획득하는 테크놀로지적 수단이다. 그 새로운 자기는 "동등한 존엄성을 가진 존재들"인 모든 타인과 일치단결하는 새로운 자기이고, 또한 "마침내 그리고 전적으로 하나의 거대하고 자발적이며 거룩한 의식으로서 나타나는" 삶에 참여하는 존재이다.⁵¹

이것이 말하는 바는 의례에 대한 서구의 수도원적 이해가 '자기 포기와 자기 부정'(푸코가 순교의 요인이라고 불렀던)의 전통에 뿌리를 두고 있지 않다는 것이 아니다. 『베네딕도 수도규칙』이 기도, 노동, 독서 등과 같은 활동들에 부가했던 의례들은 금욕적인 것이었으며, 고통 없이는 학습될 수 없는 것들이었다. 이 고통에는 정신적, 영적, 심지어 육체적 고통 등이 포함된다.

이는 몸이 악한 것이어서 벌을 받아야 하기 때문이 아니었다. 그리스도인들은 "예수처럼 고통" 받아야 하기 때문도 아니었다. 이는 인간 자신이 항상, 때로는 비자발적으로 상충되는 감정, 요구, 욕망들의 굴레에서 벗어나지 못하기 때문이었다. 이것이 그리

---

50 Ibid., 16-17.
51 Ibid., 17.

스토교적 금욕주의 문헌들에서 육체적 고통, 예를 들면, 단식의 고통, 철야기도의 피로감, 혹은 성적 욕구나 육체적 만족감을 위한 본능을 부인하는 불편한 고통 등을 의례화된 자기의 테크놀로지가 수반하는 일상적이고 피할 수 없는 양상들로 여기는 이유이다.

이는 또한 의례와 고통 사이의 이러한 연결이 오늘날 대단히 인기가 없는 이유이기도 하다. 많은 북아메리카 사람들에게 고통이란 병리적인 것이다. 우리들의 진통제 사용 문화는 조금이라도 통증을 느낄 경우 깜짝 놀라서 이를 해소하라고 권한다. 그것이 진정제이든 진통제이든 무언가를 사용하여 즉시 해소하기를 권하는 것이다. 우리는 고통의 현존으로부터는 배울 것이 아무것도 없다고 느낀다.

그러나 그리스도교 역사는 이와는 다른 태도를 견지하고 있다. 동정심, 환대, 자비, 가난한 자들의 발을 씻어주고, 낯선 이들을 환영하며, 병자들을 돌보고, 문둥병 환자를 옮기며, 수다쟁이의 말을 들어주는 등의 의례들을 몸에 새기는 법을 배울 때 필연적으로 수반되는 불편함과 고통은, "인간 존재의 은유로서의 거룩한 의식(rite)"을 체현하는 방법이기도 하다. 어쩌면 이 점이 마태복음의 끝부분에서, 섬김과 자기 포기라는 이런 불편한 의례들이야말로 하나님의 심판을 위한 판단 근거가 되는 행동들이라고 말하는 이유일 것이다.

의례는 그리스도인들이 거룩한 것에 접근하기 위한 한 방법일 뿐만 아니라, 경험을 편집하는 한 방법, 개인의 역사를 "다시 쓰는" 한 방법, 그리고 새로운 정체성을 전유하는 하나의 방법이

기도 하다.⁵² 그러한 행동은 피할 수 없이 상당한 정도의 위험과 불편함을 수반하게 된다. 궁극적으로 의례의 수행은 우리가 어떻게 생각하고, 또 무엇을 생각해야 할지를 발견하는 방식이기 때문이다. 따라서 푸코가 지적하듯 순결과 연결된 그리스도교 의례들은 금지가 아닌 개방을 목표로 한다.

> 이 개방은 그 이미지들, 기억과 인식들, 몸에서 정신으로 또한 정신에서 몸으로 보내지는 움직임들과 인상들과 함께 … [체화된] 사고 영역의 개방이다. … 이는 허락되거나 금지된 행동들에 관한 하나의 암호와는 아무런 관련이 없으며, 사고(thought), 사고의 근원, 사고의 특성, 사고의 위험들, 사고의 잠재적 유혹, 가면 뒤에 숨어 있을 수 있는 사고의 온갖 어두운 힘들을 분석하고 진단하는 테크놀로지 전체이다.⁵³

---

52 아사드는 한 논문에서, 중세의 교구 사제들이 수행했던 설교들(베르나르도[Bernard]가 클레르보[Clairvaux] 수도원의 수도승들에게 행한 것과 같은 설교들)이 갖는 의례적 특성은, 어떻게 새로 입교한 성인 수도승 지망생들이 자신들의 경험을 "다시 쓰는 일"에 도움을 주었는지, 그리고 수도원 입교라는 심오한 변화를 겪고 있는 자신들의 관점에서 그 경험을 재해석하는 일에 어떻게 도움을 주었는지를 설명하고 있다. 이에 대해서는 Talal Asad, "On Discipline and Humility in Medieval Christian Monasticism," in *Genealogies of Religion*, 125-67을 보라.

53 Michel Foucault, "The Battle for Chastity," in *Politics, Philosophy, Culture: Interviews and Other Writings, 1977-1984*, trans. Alan Sheridan et al. ed. Lawrence D. Kritzman (New York: Routledge, 1988), 239.

다시 말해 모든 금욕적 의례의 목표는 마음의 정화이다. 『베네딕도 수도규칙』의 저자는 수도승들을 포함하여, 인간은 대단히 잘못된 인식을 하고 있다는 것, 즉 인간은 비극적이고 철저하게 자기 기만적이라는 것을 알고 있었다. 우리 인간들은 태생적으로 중독자들이며 그 가운데 가장 심각한 중독은 잘못 알고 있는 정체성, 즉 그릇된 자기에 대한 중독이다. 우리는 우리 자신의 삶이 아닌 다른 이의 삶을 살기를 고집한다. 창세기에 나타나는 가장 큰 유혹은 성(性)에 관한 것이 아니었다. 그것은 다른 사람의 삶을 살고자 하는 유혹이었다. 뱀은 말한다.

> 이 나무의 열매를 먹으라. 그리하면 너의 눈이 열릴 것이다. 그러면 선과 악을 아는 신들과 같이 되리라.

이 유혹은 "천국에도 개미들이 있다"[54]는 사실을, 그리고 인간의 나약함과 실패, 우리의 거짓과 책임이라는 고통스러운 사실들을 잊으라는 것이었고, 이는 지금도 여전히 그러하다. 이는 『베네딕도 수도규칙』의 겸손에 관한 장(章)에서 인간의 이러한 "잊는" 습관, 회피하는 습관, 다른 사람인 척하는 습관들을 대응하기 위하여 고안된 일련의 의례들을 제시하는 이유이기도 하다. 망각하게 되면 중독에 빠지게 된다.

---

54 Staal, "The Meaninglessness of Ritual," 2를 보라.

이 때문에 우리가 새로운 자기의 창출을 가능케 하는 하나님과 함께 하는 삶에 도달하기를 소망한다면 반드시 "절대적으로 망각을 피해야 한다"고 『베네딕도 수도규칙』 7장 10절은 경고하고 있다. 마음을 깨끗이 하고 자신에 대한 끔찍한 진실을 발견하는 것은 곧 기억하는 것, 즉 "항상 하나님을 두려워하는 것, 그리고 하나님 두려워하기를 결코 잊지 않는 것"이다.[55] 이는 또한 테르툴리아누스가 '자기의 공개'라고 불렀던 것으로서 자신의 삶과 사고의 정확한 본질을 스스로에게, 하나님 앞에, 다른 사람들 앞에 의례적으로 드러내는 것을 의미한다.[56]

따라서 『베네딕도 수도규칙』의 "자기의 테크놀로지"를 구성하고 있는 많은 금욕적 규율과 훈련들의 목표는 부정의 의례를 기억의 의례로 대체하는 것이다. 기억하기를 통하여 우리의 진정한 정체성, 우리 본래의 얼굴과 형상, 우리의 진정한 이름과 본성을 회복할 수 있다. 기억은 우리에게 우리의 삶을 되돌려 준다.

더욱이 기억은 정신에만 거하는 것이 아니다. 이것은 또한 **몸**에도 속한다. 『베네딕도 수도규칙』은 우리의 가장 깊은 기억들이란 피부 속에 묻혀 있고, 피와 숨결 속에 새겨져 있으며, 뼛속에 들어 있다는 사실을 알고 있다. 이것이 바로, 『베네딕도 수도규칙』 7장 9절에서 우리를 낙원으로 "되돌려 보내는" 겸손의 "사다리"가 영혼뿐만 아니라 몸에 의해 이루어지는 "지상에서의 우리의 삶

---

55 Staal, "The Meaninglessness of Ritual," 2를 보라.
56 *RB* 7.44-48을 보라.

전체"라고 주장하는 이유이다.[57]

따라서 아사드의 연구에서 제시하듯 서구 수도원 의례의 목표는 체화된 "영적 각성"이다. 의례가 새겨진 몸은 하나님의 존재와 권능이 알려지는 장이 된다. 이는 곧 우주가 의식(consciousness) 속으로 들어오는 장이 되는 것이다. 에스토니아계의 위대한 미국 건축가인 루이스 칸(Louis Kahn)은 이렇게 쓰고 있다.

> 산과 시냇물과 공기와 우리까지를 포함하는 자연 속의 모든 소재는 빛으로 이루어져 있다. 그리고 소재라고 불리는 이 구겨진 거대한 덩어리가 그림자를 드리운다. 그래서 그 그림자는 빛에 속한다.[58]

의례가 새겨진 몸은, "육체적 고통과 불편함이 피할 수 없는 수단인 의례적 과정"을 통해서 진실이 밝혀지고 자기의 진정한 정체성이 회복되는 장이다.[59]

요약하자면 서구의 금욕주의적 전통과 연관된 의례의 테크놀로지는 다음의 여섯 가지 점을 강조하고 있다. 이에 관해서는

---

57 *RB* 7.9를 보라. "우리는 우리의 몸과 영혼을 이 사다리의 두 기둥이라고 부를 수도 있겠다. 이 사다리는 우리가 밟고 올라갈 때마다, 우리의 거룩한 소명이 겸손과 훈련의 다양한 단계에 맞게 되어 있다."

58 John Lobell, *Between Silence and Light: Spirit in the Architecture of Louis Kahn* (Boulder, Colo.: Shambhala, 1979), 5에서 인용.

59 Asad, "Notes on Body Pain," 311을 보라.

『베네딕도 수도규칙』이 최고의 증인이다.

① "사고(thought), 사고의 기원, 사고의 특성, 사고의 위험성, 사고가 갖는 유혹의 힘을 진단함에 있어서,"[60] 덕을 체득함에 있어서 육체적 수난은 필수불가결의 역할을 한다. 의례적 행위가 사고를 낳는 것이다. 그 반대가 아니다. 몸은 자기 정체성의 회복을 위한 핵심적인 단서이다. 『베네딕도 수도규칙』 제4장, "착한 일의 도구들"에서 제시하듯 사람은 겸손함에 관해 생각함을 통해 겸손을 체득하는 것이 아니라, 의례적으로 체화된 행동을 통하여, 다른 이의 발을 씻기고, 다른 이의 눈물을 닦아 주는 등의 행동을 통하여 겸손을 체득하는 것이다.

② 의례화된 몸은 하나님의 존재와 권능이 인간의 역사 속에서 지속해서 드러나는 영광스러운 장이다. 이것이 그리스도교 초기에 금욕주의를 주창했던 테르툴리아누스가 참회하는 자는 죄를 '공적 고해'할 때에 자신의 모습이 잘 보이도록 극적으로 드러내야 한다고 크게 강조했던 이유일 것이다. 용서하시고 화해하시는 하나님의 권능은 의례적으로 새겨진 참회하는 자의 몸에서 드러난다.

③ 의례의 과정이 의례의 내용이다. 금욕주의 전통에서 의례란 연주를 위한 "악보"가 아니라 연주 그 자체이다. 따라서

---

60 Foucault, *Politics, Philosophy, Culture*, 239.

예를 들자면, 몸으로 겸손하게 행동하도록 가르치는 의례의 테크놀로지가 바로 겸손의 의미이다.[61] 수행으로서의 의례는 자기 자신을 전에는 알려진 바도 없고, 시도된 바도 없으며, 또한 느껴진 바도 없었던, 사고와 감정의 체화로 재규정한다. 이런 사고와 감정들은 의례에 의하여 형성되거나 불러일으켜진다기보다는 의례의 수행과 함께 일어난다. 이 점이 매우 중요하다. 영국의 미술사학자인 콜링우드(R. G. Collingwood)는 이렇게 쓴 바 있다.

감정의 표현은 항상 존재하는 하나의 감정에 맞추어 제작된 옷이 아니다. 오히려 그것 없이는 그 감정의 체험 자체가 불가능한 하나의 행동이다. 언어를 없애 버리는 것은 그것이 표현한 내용도 없애 버리는 것이다.[62]

달리 표현하자면, 한 의례의 "영적 내용"은 몸의 수행과

---

[61] *RB*에 나오는 의례 규정을 살펴보라. 겸손함의 내용을 "알고" 싶다면, "고통을 감내해야" 한다(*RB* 7.35). 고개를 숙이고 시선을 아래로 향해야 한다(*RB* 7.63). 경우에 따라서는 예배당 입구에 엎드려 지나가는 모든 이들에게 용서를 구해야 한다(*RB* 44.1-31 참조). "환대하기"의 내용을 알고 싶다면 손님의 손과 발을 씻겨 주어야 하며(*RB* 53.12, 14), "온갖 사랑의 예를 다하여" 나그네를 영접해야 한다(*RB* 53.3). 만일 "동정심"의 내용을 알고 싶다면 슬퍼하는 자들을 위로해야 하며, 하나님의 자비에 대한 희망을 결코 잃지 말아야 한다(*RB* 4.19, 74 참조) *RB*에서, 덕의 "내용"과 "의미"는 사고나 신학의 문법에서 나오는 것이 아니라, 의례 수행의 문법으로부터 나온다.

[62] Talal Asad, "On Discipline and Humility in Medieval Christian Monasticism," in *Genealogies of Religion*, 130-31, n. 6. 강조가 추가되었다.

분리될 수 없다는 뜻이다. 아사드는 이렇게 쓰고 있다.

> 날마다의 통상적인 수행들이 갖는 의미와 그것에 대하여 수행자들이 느끼는 감정과 의도들은 명확하게 구분되는 것이 아니다. 오히려 바로 이 둘 사이의 상호 관련성이 핵심적인 것이다.[63]

④ 『베네딕도 수도규칙』과 같은 서구의 금욕주의적 원전에서 발견되는 의식들(rites)은 모든 인간 사회 속에서 고루 발견되는 범문화적 유형들을 대표하지 않는다. 그러나 이전 세대의 인류학자들은 통과의례(rites of passage)와 같은 많은 의례들이 모든 인간 사회 속에서 광범위하게 발견되는 범문화적 유형들을 대표하는 것이라고 주장했었다. 오히려 그 의식들은 "내적으로 구조화되어 있고 서로가 연관되어 있는 특정한 역사적 감정들을 역사적으로 결정된 방식으로" 의례화하고 있다.[64]

⑤ 서구 금욕주의 전통이 대표하는 의례의 레퍼토리가 "통과 의례"의 범주에 속하지는 않는다. 예를 들어 『베네딕도 수도규칙』에 나타나는 의식들(rites)과 규칙들(rules)은 사실상 모든 인간이 경험하는 통과의례들을 의례화하지 않는다. 예를 들어, 사춘기에서 성년기로의 전환, 혹은 청년기에서 노년기로의 전환, 혹은 삶에서 죽음으로의 전환 등과 관련

---

63 Ibid., 130.
64 Ibid., 134.

된 통과의례들 말이다. 수도승의 수련 기간은 세례입교 교육 기간이 아니다. 수도승의 서원식이란 성년식이나 결혼식의 경우처럼 "인생-전환기의 의식(rite)"이 아니다. 수도원장이나 수녀원장의 선출은 서품식은 아니다.

통과의례는 현실에 관한 구체적인 정의들(definitions)을 뒷받침해 주고, 사회적 정체성과 응집력을 강화해 주며, 인생의 중대한 전환기를 성공적으로 넘어가도록 보장해 주는 그런 의미들을 산출해 주는 암호화된 상징들을 사용한다. 그러나 금욕주의의 의례들은 의미를 산출해 내려고 노력하지 않는다. 프리츠 스탈(Frits Staal)이 제시하듯, 그 의례들은 "일차적으로 행위이다. … 중요한 것은 무슨 생각을 하고 무엇을 믿으며 무슨 말을 하는가가 아니라, 무슨 일을 행하는가 하는 점이다."[65]

나아가 인생 전환기 의식들은 그 정의상 최종적인 것이다. 그것들에는 분명한 시작점이 있고, 중간이 있고, 끝나는 지점이 있다. 의례가 미처 끝내지 못한 것들은 자연이 끝을 낸다. 이와는 대조적으로, 금욕주의적 의식들(rites)은 그 끝이 열려 있다. 이 의식들에는 인생의 전환기적 시간을 담아내는 사회적 드라마(결혼과 같은)도 없고, 성례의 고도의 상징적 표상들(입교식이나 성찬 예식과 같은)도 결여되어 있다.

더욱이 초경의 시작, 혹은 죽음의 도래와 같은 인생 전환기

---

65 Staal, "The Meaninglessness of Ritual," 4.

의식들은 비자발적 전환들과 연관되어 있으나 금욕주의적 의식들은 자발적이며 선택되는 것이다. 수도원의 의례의 테크놀로지들은 따라서 덕의 체화를 그 목표로 하는 자발적 일상이다. 여기서 덕이란, 전통적인 인류학에서 의견의 일치를 본 것과 같이, 의례적으로 검증되고 갱신되는 가치들이 아니라, 의식하지 않은(unselfconscious) 선함을 목표로 하는 행동들이다. 이 행동들은 중국의 현자인 장자가 『도덕경』에서 칭송했던 행위들과 닮았다.

완벽한 평화의 세상에서는 지혜 있는 자들이나 능력 있는 자들을 ··· 권좌로 올리는 행위가 아무런 가치를 지니지 못한다. 지배자는 부지중에 그곳에 있는 한 나무의 맨 꼭대기와 같고, 백성들은 숲속의 사슴처럼 살아간다. 옳은 일을 하면서도 그들은 그것이 정의라고 불린다는 사실조차 알지 못한다. 서로에게 친절하게 대하면서도 그것이 인간성이라 불린다는 사실도 알지 못한다. 그들은 올곧지만, 그것이 신실함이라고 불린다는 사실을 알지 못한다. 그들은 올바르지만, 그것이 정직함이라고 불린다는 사실도 알지 못한다. 그들은 이리저리 다니며 서로에게 도와 달라고 요청하지만, 그것을 호의라고 부르지도 않는다. 따라서 그들의 행동들은 흔적을 남기지 않으며, 그들의 행위들은 기록을 남기지도 않는다.[66]

---

66 *The Wisdom of Laotse*, trans. Lin Yutang (New York: Modern Library, 1948), 57. 본문이 약간 수정되었다.

⑥ 인류학자들이 권력을 의례적으로 어떻게 처리하는지를 해석하면서 전형적으로 사용했던 모델들, 즉 카타르시스, 수사학, 설득, 혹은 형이상학적 연극 등으로서의 의례라는 해석 모델들은 금욕주의적 의례들에서 처리되는 권력의 종류를 해석하는 데는 그다지 유용하지 못하다. 『베네딕도 수도규칙』이 규정한 의례의 전략들은 실재의 궁극적 본성을 상징적으로 표현하거나 위계상 엘리트들 사이의 힘을 정당화하려고 하지 않는다. 오히려 그것들은 "훈련을 통한 자기의 개발에 필수적"이다.[67]

이런 의미에서 수도원들 안에서 의식들(rites)이 점점 형식화되어 간 일은, 특별히 중세 시대에 상층부 지도자들이 자신들보다 하위의 수도자들을 점차 억압적으로 지배했다는 것을 의미하지 않는다. 실제로는, 아사드의 연구가 밝히고 있듯이, 억압과 착취를 당했을 가능성이 가장 컸던 대상은 "평신도 형제들"이나 수도원 부지 혹은 그 사업에 속해 있던 농부들과 같이 수도원의 의식에 온전히 참여하는 것으로부터 배제되었던 사람들이었다. 형식화된 이후에도 의례는 그 본질상 상징적이거나 교회법에 따른 활동으로 여겨지지 않았다. 『베네딕도 수도규칙』이 그려낸 수도원 생활에서,

---

[67] Asad, "On Discipline and Humility in Medieval Christian Monasticism," 134-35를 보라.

예전이란 기술적이라고 규정된 활동들과는 구분되는 '구현된 상징주의'의 일종이 아니라, 그리스도교적 덕목들을 습득함에 있어서 필수적인 하나의 실행이다. … 이것은 모호한 의미들을 전제로 하지 않으며, 오히려 육체적이고 언어적인 기술들(skills)을 형성하는 것을 전제로 한다.[68]

의례적 능력(competence)은 육체적 능력이다. 왜냐하면, 몸은 "체화된 적성들(aptitudes)의 앙상블이지 … 상징적 의미들의 매개가 아니기" 때문이다.[69]

2. 의례와 비판인류학

탈랄 아사드와 같은 학자들의 혁신적 연구는 사회인류학 및 문화인류학 분야에서 지난 사반세기 동안 일어났던 혁명들 가운데 하나의 예에 불과하다. 이 혁명은 그리스도교 예배학자들이 인류학적 데이터들을 활용하는 방식에 중대한 영향을 미친다. 본 장에서는 이 점을 밝혀 보고자 한다.

물론 인류학은 20세기 전반에 걸쳐 변화해 왔다. 금세기 초에 도입된 현지 조사 방법은 인류학자들이 데이터를 모으는 방식에

---

68 Asad, "Toward a Genealogy of the Concept of Ritual," 63, 62.
69 Ibid., 75.

중대한 변화를 초래하였다.[70] 고대의 것이든 혹은 현대의 것이든 타문화 연구에 있어서 일화(逸話) 중심의 "안락의자" 접근법은 사라졌다. 대신 그 자리에 직접 대면 조사 및 참여 관찰법이 등장했다. 인류학자의 임무는 "다른 사람들의 생활 양식을 가능한 한 정확하게 기록하기 위하여" 한 문화 혹은 한 사회를 세세하게 묘사하는 것이었다.[71]

실제 경험과 정확한 기록에 역점을 두는 인류학에 대한 이러한 접근은 환영할 만한 진보였다. 그러나 한계도 드러났다. 이에 대하여 존 살리바(John Saliba)는 다음과 같이 쓰고 있다.

> 인류학자들의 주요 경험은 "문화 충격"이었는데, 원주민들은 분명 이런 충격을 공유하지 않은 듯하다.[72]

더욱이 인류학자들은, 예를 들어, "이 의례가 에스키모 마을의 삶에 어떤 의미인가?"보다는 "인류학이란 무엇인가?"를 발견하는 일에 더 열심인 것처럼 보이는 경우가 많았다.

---

[70] John Saliba, "The New Ethnography and the Study of Religion," *Journal for the Scientific Study of Religion* 13 (1974), 145.

[71] Ibid., 146.

[72] Ibid.

어떤 점에서 보면 인류학자들은 오직 하나의 문화만을 연구하고 있었는데, 이것이 바로 인류학의 문화였다.[73]

이에 대한 반동으로 새로운 인류학인 "인지인류학"(cognitive anthropology)이 출현하였는데, 이전의 인류학자들이 추구했던 것처럼 문화에 대한 하나의 통일된 거대 이론의 형성을 목표한 것은 아니었다. 오히려 이는 **특정한 문화들과 그것들의 인식체계를 제대로 묘사하는 일에 집중하는 것**이 목표였다.[74] 인류학자들의 임무는, 다음 두 가지의 기초적인 질문에 대한 답을 찾음으로써, "서로 다른 사람들이 어떻게 그들의 문화를 조직하고 사용하는지를 발견해 내는 것"이다.

① 하나의 문화를 공유하고 있는 사람들에게 가장 중요한 현상은 무엇인가?
② 사람들은 이런 현상들을 어떻게 조직해 내는가?

이러한 새로운 접근법은 그 무엇보다도 "타 문화에 대하여 선입견을 부과하지 않으려고 노력하였으며, 나아가 타 문화가 지닌 의미론적 범주들을 끌어내려고"[75] 노력하였다. 요컨대 이들의

---

73 Ibid. Stephen Tyler가 편집한 *Cognitive Anthropology* (New york: Holt, Rinehart and Winston, 1969), 203에서 인용함.
74 Saliba, "The New Ethnography and the Study of Religion," 146-47.
75 Ibid., 147.

목표는 문화를 밖에서 안으로가 아니라, 안에서 밖으로 서술하려는 것이었다. 질문과 해답 모두가, 인류학자들에 의하여 부과되었던 기존의 질서, 통상 서구의 질서로부터가 아니라, 연구 대상인 사람들의 문화로부터 나와야 한다는 것이다.[76]

인류학 분야에서 이러한 변화들이 일어나고 있는 동안, 종교에 대한 민족과학(ethnoscience) 분야 안에서도 새로운 진전이 일어나고 있었다.

첫째, 연구자들은 "종교" 혹은 "종교적 경험"을 구성하고 있는 서구의 범주들이 보편적으로 적용 가능한 것은 아니라는 사실을, 따라서 그 범주들을 무차별적으로 적용할 수 없다는 사실을 인식하기 시작했다.[77]

둘째, 그동안 그들이 종교적 현상(성스러운/속된, 자연적인/초자연적인 현상)에 공통으로 적용해 오던 매우 친숙한 대조 범주들을 사용하는 일에 대하여 의문을 품기 시작하였다. 이런 범주들은 서구 그리스도교의 수행들에 관한 연구에는 적절할 수 있으나, 아시아

---

[76] "새로운 인류학"은 현장 연구법을 버린 것이 아니라, "통제된 이끌어냄"을 통하여 원주민의 관점으로 얻어지는 더 새로운 방식을 제안한 것이다. 따라서 인류학을 연구하는 학자는 "해당 문화의 원주민들로부터 그늘이 스스로에게, 그리고 그들을 둘러싼 세계에 던지는 의미 있는 질문들을 끌어내도록" 훈련된다. 또한 "인류학을 연구하는 학자들은 그들에게 정보를 주는 사람들의 이야기를 잘 듣도록, 그리고 대부분 그들이 말할 수 있도록 할 준비가 되어 있어야 한다. 가능한 한 그들로 하여금 대화의 주제를 선택하게 하고, 그들의 마음에 떠오르는 이슈에 관해 논하도록 해야 한다"(Ibid., 148).

[77] Ibid., 151.

나 아프리카 원주민들의 토착 종교적 경험을 이해하는 데는 그다지 유용하지 못하다.

셋째, 연구자들은 종교적 경험이란 단지 공적인 문서들이나 공적인 조사만을 기초로 충분히 그리고 정확하게 서술될 수 없다는 사실을 깨닫기 시작하였다. 존 살리바는 이렇게 쓰고 있다.

> 종교연구에 있어서 민족과학이 주는 가장 중요한 교훈은 현장 작업에 역점을 둔다는 점이다. 만약 종교적 경험에 초점을 맞추고자 한다면, 경전이나 통계 조사에 기초하여 결론을 내릴 수는 없다. … 당대의 종교적 신념과 의례를 그 주요 연구 분야로 삼고 있는 종교 역사학자들은 인류학자들에 의해 이해된 현장 작업을 현재까지는 따르지 않고 있다.[78]

더욱이, 최근, 인류학의 상황이 다시금 바뀌기 시작하였다. 이는 부분적으로는 여성주의 학자들로부터 제기된 비판의 결과이기도 하고, 부분적으로는 과학기술 인류학과 경제 인류학에 의한 새로운 도전들로부터 기인한 것이기도 하다.[79] 어떤 이들은 이 분야가 회복하지 못할지도 모르는 정체성의 위기를 겪고 있다고 말할 것이다. 하지만 또 다른 이들은 오랫동안 가부장적, 유럽 중심

---

78 Ibid., 154.
79 David J. Hess, "The New Ethnography and the Anthropology of Science and Technology," *Knowledge and Society* 9 (1992), 1-26.

적, 식민주의적 전제들에 지배당해 온 이 분야가 균형을 회복하는 데 필요한 변화를 겪고 있다고 주장한다. 지난 사반세기 동안 인류학에서 일어났던 모든 변화를 일일이 다 기록할 수는 없다. 여기서는 네 가지의 주요 변화들만을 짚어 본다.

① 첫째, 인류학의 "출발점"이 변하고 있다.

1970년대의 새로운 인류학이 연구 대상인 원주민들로부터 질문과 해답을 이끌어 내는 일에 역점을 두었다는 사실을 앞에서 밝힌 바 있다. 데이비드 헤스(David Hess)는 이렇게 쓰고 있다.

> "원주민의 관점"이란 개념을, 과도하게 글자 그대로, 혹은 과도하게 좁은 의미로 차용해서는 안 된다. "뉴욕 원주민"이라는 용어에서처럼 … 원주민은 대단히 국제적이며, 또한 고도의 교육을 받은 사람인 경우가 많다. 이런 "원주민들" 가운데는 인공지능 연구원, 우주 과학자, 혹은 새로운 생명공학 분야의 발명자들이 포함된다. … "원주민"이란 용어는 타자, 곧 나 자신과는 다른 문화 혹은 다른 관점을 가진 사회 또는 사회적 공동체의 구성원인 타자를 지칭하는 덜 형식적인 표현이다. 이는 그 타자가, 나 자신이 속한 사회 속의 그러나 나와 다른 집단을 지칭할 경우에도 그러하다. 그 이유는 인류학자들이 자신이 속한 사회들 안에서 보다 접촉 빈도수가 높은 집단들을 대상으로 연구하기 때문이다. 나아가 이제는, 인류학자가 수행해야 하는 임무의 출발점이란 원주민의 관점들을 해석하는

것이라고 말하는 편이 좋을 것이다.[80]

오늘날 인류학은, "인간, 그리고 그들의 사회적 세계에 대한 보편주의적 관점의 진술 대부분에 대하여 전적으로 회의하는 견해를 견지하고 있다."[81] 그렇다고 해서 근대 인류학자들이, 보수적 비평가들이 조롱하듯 묘사한 "정치적 올바름"이란 명목에 사로잡혀 있다는 뜻은 아니다. 인류학은 참여 관찰을 계속 수행하고 있다. 이는 단순히 "사람들의 행위를 지켜보는 것"만을 뜻하지 않는다. 오히려 "사람들과 이야기하고 상호 작용하며 궁극적으로는 그들의 상징적 세계들과 사회적 행동을 이해하려고 노력하는 것"을 의미한다.[82]

② 둘째, 인류학자들은 자신들의 분야가 지닌 전제들과 관습들을 비판할 필요가 증가하고 있다고 느끼고 있다.

이는, 클리퍼드 기어츠(Clifford Geertz)로 하여금, 인류학자들이 주도면밀함을 지나치게 중시하다가, 머지않아 실어증 환자가 될 것이라고 불평하게 만든 이유이기도 하다. 그는 오늘날 자신의 연구 분야 주위를 떠나지 않는 "만연한 초조함"에 대하여 다음과 같이 말하고 있다.

80　Ibid., 2-3.
81　Ibid., 3.
82　Ibid., 4.

불가사의한 타자들의 본디 거처로 찾아가 함께 작업한 결과를 근거로, 혹은 이미 그런 작업을 한 사람들의 저작들을 샅샅이 찾아본 것을 근거로 불가사의한 타자들을 설명하려는 일 자체에 대한 이 만연한 초조함이 문제다. 이 초조함은 자극을 다양하게 받아들인 것으로서, 다양한 반응들을 끌어내고 있다. 전범(典範)에 부합하는 저작들에 대한 해체적 공격들과 어떤 저작들이 전범에 부합해야 한다는 생각 자체에 대한 해체적 공격들이 있다. 또한 인류학적 저서들을 또 다른 수단을 통한 제국주의의 지속이라고 이데올로기 비평(Ideologiekritik)으로 폭로하는 경우도 있다. 이런 것을 해결하기 위해서 성찰성, 대화, 이종어(heteroglossia), 언어학적 연극, 수사학적 자의식, 수행적 번역, 말한 그대로의 기록, 그리고 일인칭 서술형태 등이 있다. …

인류학자들이 연구했던 세계 … 곧 한 때는 원시적이고, 부족적이며, 전통적이고, 혹은 민속적이라고 불렸던 세계, 그러나 이제는 신생의, 현대화된, 주변적이고, 혹은 억압되었다고 불리는 세계, 그리고 인류학자들이 각각의 관점에서 그 세계들을 연구했던 아카데미아를 포함하여, 이 모두가 광범위한 변화를 겪었다. … 식민주의의 종말은 질문하고 관찰하는 자와 질문 받고 관찰당하는 자 사이의 사회적 관계의 본질을 근본적으로 바꾸어 놓았다. 또한 인간 과학에서의 맹목적인 사실, 설정된 과정들, 맥락 없는 지식에 대한 믿음의 쇠퇴는 … 묻는 자와 관찰하는 자가 무엇을 하려고 했었는지에 대한 개념 자

체를 식민주의의 종말 못지않게 근본적으로 바꾸어 놓았다.[83]

기어츠는 자신의 분야에서 지속적인 변화가 일어나는 탓에, 인류학의 "저술하는 권리" 자체가 위기에 처한 것은 아닌지 의구심을 품는다.[84] 그러나 덜 전투적인 상황에서는 그도(그의 다른 동료 학자들도 분명 그럴 것인데) 인류학의 텍스트들은 "만들어졌다고, 곧 설득하기 위하여 만들어졌다"고 인정한다.[85]

달리 말하자면 인류학에는 과학만큼이나 예술이 들어 있다는 점을 인식해야 한다. 인류학은 "양자 물리학이나 이탈리아의 오페라처럼" 상상력의 작업이다.[86] 이렇게 말한다고 해서, 인류학이 사실적이고 실제적인 것, 곧 기어츠가 "표현된 생명력"이라고 불렀던 것도 다루고 있다는 점을 부인하는 것은 아니다.[87] 따라서 설득의 기술이 단순히 드라마 혹은 기만으로 무시당해서는 안 된다.

> 독자를 설득하는 이런 능력은 … 다시 말해 독자들이 읽고 있는 것은 누군가가 특정 장소, 특정 시기, 특정 집단 안에서의 삶이 어떻게 진행되는지를 직접 체득하여 서술한, 믿을 만한

83　Clifford Geertz, *Works and Lives: The Anthropologist as Author* (Stanford, Calf.: Stanford University Press, 1988), 130-32.
84　Ibid., 133.
85　Ibid., 138. 강조가 추가되었다.
86　Ibid., 140.
87　Ibid., 143.

설명이라고 설득해 낼 수 있는 이 능력은 인류학이 추구하는 이 밖의 모든 일들, 곧 분석하기, 설명하기, 즐겁게 하기, 좌절시키기, 축하하기, 고양하기, 변명하기, 놀라게 하기, 전복하기 등의 일들이 궁극적으로 의지하고 있는 토대가 된다. 인류학에 있어 이곳에 있기(Being Here)와 그곳에 있기(Being There)를 연관시키는 일, 다시 말해 무엇을 그대로 쓰는 것과 그 무엇에 관하여 쓰는 것 사이의 공통된 근거를, 상상력을 발휘해 재구성하는 일은 인류학이 누군가에게 무엇인가를 확신시킬 힘의 근원(*fons et orgio*)이다.[88]

다시 말하자면 가설들을 비평해야 한다는 요구가 인류학의 예술(anthropologist's art)을 포기하라는 요구로 이해되어서는 안 된다. 필요한 것은 인류학이 무엇인가(직업, 설득, 수사법, 예술, 과학)에 관하여, 또한 인류학이 어떻게 수행되고 쓰이는가에 대하여 더욱더 정직해야 한다는 것이다. 의심할 여지 없이, 제국주의의 가설들과 식민주의의 가설들이, 때로는 현장 작업의 결과들과 그 진정성을 포함하기도 했다. 또한 "감정에 치우치지 않는 과학"이란 때로 오직 정치적 이데올로기뿐이라는 사실을 의심할 수 있는 사람은 누구도 없을 것이다.

스스로의 작업에 대해서 스스로 너욱 비평하려고 노력하기 위해 근대 인류학자들은 새로운 방법과 은유를 제안했다. 예를 들어

---

[88] Ibid., 143-44.

클로드 레비-스트로스(Claude Levi-Strauss)에게 있어서, "사회에 대한 은유들은 생물학적 은유, 다시 말해 장기들/기관들의 기능적 통합체라는 관점의 은유에서 음악적이고 정보를 제공하는 은유로 변화하였다. 즉 암호 시스템의 해독으로서 사회를 분석한 것이다."[89]

클리퍼드 기어츠에게서는 또 다른 은유가 나타난다. 인류학자는 원주민의 의례를 다양한 렌즈들을 통하여, 다시 말해 "정치적, 경제적, 심리적, 지위/지역적, 미학적" 렌즈들을 통하여 읽힐 수 있는 "문화적 텍스트들"로 검토하는, "읽어 내는 사람"이다.[90] 요점은 어떤 학문도 가설로부터 전적으로 자유로울 수는 없지만, 그 본질과 존재에 관한 정직함이 그들이 부과하는 한계를 극복하는 첫걸음이 될 수 있다는 점이다.

③ 셋째, 오늘날 인류학은 누군가에 의해 "대화적인" 혹은 "다성적인"(polyphonic) 인류학이라고 불리는 그 무엇을 추구하고 있다.

이 말은, 어느 정도, "인류학의 저작을 그 정보 제공자에게 맡기는 것 … 혹은 인류학 텍스트의 상당 부분을 정보 제공자의 목소리를 직접 옮기는 일에 내어주는 것"을 의미한다.[91] 물론 원주민

---

89 Hess, "The New Ethnography," 7.
90 Ibid., 7-8. 헤스(Hess)가 밝히고 있듯이 일부 비평가들은 기어츠가 단순히 "인류학적 텍스트에 인류학자와 정보 제공자 사이의 식민주의적 관계를 다시 새겨 넣었을 뿐"이라고 비난해 왔다. 8.
91 Ibid., 9.

정보 제공자를 존중하려는 이와 같은 노력에는 심각한 결점이 숨어 있다. 정보 제공자들도 그들의 문화와 사회적 세계를 묘사하면서 나름의 가설들과 선입견들을 지니고 있을 수 있기 때문이다. 물론 그들은 "제국주의, 인종, 계급, 성(性)과 관련된 억압적 체계들"에 대하여 외부의 인류학자들만큼이나 알아차리지 못할 수 있다.[92] 그러나 여성주의 학자들이 지적하듯, 문화는 결코 중립적일 수 없다.

> [문화는] 심각하게 논쟁을 불러일으키는 의미의 코드들로 구성되어 있다. … 언어와 정치는 구분될 수 없으며, 지배 관계를 수반하는 '타자'를 세우게 된다.[93]

④ 마지막으로, 비록 그 방법에 대해서는 의견의 일치를 이루지 못했지만, 인류학자들 사이에는 그들의 작업이 성찰적인 동시에 비판적이어야 한다는 널리 퍼진 인식이 존재한다.

많은 사람은 다음과 같이 주장한다. "가치와 정치는 텍스트에 새겨지는 것이기 때문에," 인류학자들은 반드시, "타인의 시선을 의식하면서 정치가 무엇을 의미하는지를 결정해야 하고, 동시에 억압의 구조들을 합법화해 주는 지식-권력-기술의 복합체제 지체를 비판하는 일에 공헌해야 한다."[94] 또한 인류학은, 결코 들리

---

92 Ibid., 10.
93 Ibid., 10-11.
94 Ibid., 11.

지 않을 수도 있는 제2의 목소리들 혹은 다른 목소리들을 위한 여지를 제공해야 할 필요가 있다는 점에는 모두가 동의한다. 이를 위해서는 모든 인류학자의 "연구와 담론"에 관한 정규적인 검토, 즉 "정치적이고 이론적인 비평"이 필요하다.[95]

인류학자들이 자신들의 연구 작업을 이해하고 수행하는 방식에서 이러한 변화들은 종교와 의례에 관한 그들의 견해에도 영향을 끼치고 있다. 최근까지 인류학자들의 대다수는 종교를 일반적으로(특히 의례와 관련해서) 상징적 혹은 표현적 행위의 범주로(자연적/생물학적 행위 혹은 기술적 행위와는 반대의 의미로) 분류하는 경향이 있었다.[96] 탈랄 아사드는 다음과 같이 말하고 있다.

> 종교의 사회적 기능에 관한 연구들은 그 의미들에 도달하는 환원주의적 방식을 취하거나, "세속적" 제도에 의해 확고하게 되는 사회적 결과들(종교적 제도에 의해서도 나타나지만)을 서술하는 방식을 더욱 유용하게 취하는 경향이 있다. 종교 자체는 "기술적 행위"(technical action)의 관점에서 접근되는 경우가 드물다. 다시 말하자면, 종교를 다양한 방식으로 연출하는 데 사용되는 몸의 훈련과 언어의 훈련으로서의 기술적 행위 말이다.[97]

---

95 Ibid., 18.
96 Talal Asad, "Anthropological Conception of Religion: Reflections on Geertz," in *Genealogies of Religion*, 251.
97 Ibid.

달리 말하자면 의례와 종교는 단지 무언가 다른 것을 가리키기 위한 상징체계로서가 아니라 그 자체로 존재할 수 있도록 허용되어야 한다. 더 나아가 종교의 의미, 곧 의례의 의미란 절대적으로 하나일 수밖에 없다고, 따라서 한 역사적 시대에서 다른 역사적 시대에 이르기까지 연속된다고 가정할 수는 없다.

아사드는 이렇게 주장한다. 종교는 통상 권력과 연결되어 있는데, 이때 권력이란 단지 정치적 권력만을 의미하는 것이 아니라, "종교적 이데올로기를 구축하고, 해당 종교의 특성을 명백하게 드러내 주는 선제 조건들을 확립하며, 구별할 수 있는 종교적 수행과 발화를 인정하고, 종교적으로 정의되는 지식을 생산한다는 의미의 권력이다."[98] 그러나 역사적 과정 속에서 그러한 권력은 상당히 다른 목적들과 목표들을 달성하기 위해 다르게 사용되고 분배된다.[99]

이는 그 논의를 그리스도교와 같은 단일한 종교적 전통에 국한시켜 진행하는 경우에도 그러하다. 그리스도인들에게 있어서 의례란 권력을 사용하는 상징적 수단들을 제공한다고 여겨져 왔다. 다른 사회적 그룹들에서 그러한 것처럼 말이다. 그렇다고 해서 의례가 단지 강압 혹은 "권력 사용을 위한 조야한 수단들을 은폐하기 위하여" 고안된 책략이라는 뜻은 명백하게 아니다.[100] 따라서 의례와 연관된 권력은 강자가 약자에게 행하는 정치적 조종 혹은

---

98 Ibid., 237.
99 Ibid., 238.
100 Bell, *Ritual Theory, Ritual Practice*, 194.

폭력적 억압으로만 규정될 수는 없다. 실제로 의례와 권력의 관계에 대하여 제기해야 하는 두 가지의 질문이 있다.

① 의례는 어떤 종류의 권력을 창출하고, 소유하거나, 전달하는가?
② 의례를 통해 표현된 종교적 권력은 종교적 진리를 어떻게 창출해 내는가?

이 가운데 첫 번째 질문을 캐서린 벨은 다음과 같이 설득력 있게 제기해 왔다.

> 만약 의례가 단지 권력을 위한 가면에 불과한 것이 아니라고 한다면, 의례는 지금까지 우리가 의례가 행한다고 계속 말해 온 그 일들을 어떻게 수행하는 것일까?
> 다시 말해 의례는 어떻게 문화적 가치들 혹은 정치적 가치들을 실제로 심어주는 것일까?
> 이를 통해 어떻게 다른 세계에 관한 믿음들을 이 세계에 대한 사실들로 전환하는 것일까?
> 혹은 어떻게 그 역방향으로 이 세상에 대한 사실들을 다른 세계에 관한 믿음들로 전환하는 것일까?
> 그리고 그것이 전달한다고 주장하는 전통들을 어떻게 고안해

내는 것일까?[101]

전통적으로 이는 그리스도교 예배학자들이 인류학적 범주들을 사용하여 도달했던 "고전적 의견 일치"에서 명백하게 나타나는데, 의례란 올바른 신앙과 행위(*lex orandi, lex credendi*)에 관한 교회규범을 준수케 함으로써, 그리고 전통, 의미들과 가치들을 전수함으로써 사회적 통제를 가능케 하는 하나의 방식으로 여겨지고 있다.

그러나 오늘날 많은 인류학자는 의례란 권력의 도구가 아닐 뿐만 아니라, "의례 이외의 다른 어떤 것을 가리키거나, 표현하거나, 상징하는 것이 아니다"라고 주장할 것이다.[102] 예를 들어 정치적 의례들은 "정치를 가리키지 않는다. … 그것들은 그 자체로 정치이다. 의례는 그 자체이다. 그것이 곧 권력이다. 의례는 행동하며 또한 행동하게 한다."[103] 한마디로 말하자면, 의례란 사회적 연대와 사회적 통제를 위하여 "무언가를 가리키는 도구"도 아니고 "기능적 기제 혹은 표현의 매개도 아니다."[104] 오히려,

---

101 Ibid.
102 Ibid., 195.
103 Ibid. 벨은 여기서, 클리포드 기어츠가 그의 저서 *Negara: The Theatre State in Nineteenth Century Bali* (Princeton, N.J.: Princeton Univertsity Press, 1980)에서 전개했던 입장을 암시하고 있다.
104 Bell, *Ritual Theory, Ritual Practice*, 197.

> [의례화(ritualization)는] 미묘한 차이가 있는 권력의 관계들, 즉 지배 질서에 대한 수용, 저항, 타협을 통한 전유, 구속적 재해석(redemptive reinterpretation) 등으로 특징지어지는 관계들을 산출해 내는 실천의 한 전략이다.[105]

그러나 만일 의례적 권력이 도구적이거나 정치적이거나 강압적이거나 권위적인 것이 아니라면, 그것은 무엇이란 말인가?

벨은 이 질문에 답하기 위해서는 미셸 푸코에게로 돌아가야 한다고 말하면서 다음과 같이 제안한다.

> 푸코에게 권력이란 우발적이고 지역적이며 모호하고 관계적이며 또한 조직적인 것이다.[106]

다시 말해, 푸코는 권력을 실질적이고 중앙집권화되어 있으며 주권적이거나 실체화된 것(예를 들면 군주라는 사람)으로 보는 서구의 오랜 전통과 결별하였다. 오히려 그는 권력을 사회 전체에 분배된 것으로 보고 있다. "날마다 삶의 미시정치(micro-politics)를 구성하는 것은 기술들(techniques)과 담론적 실천들"이다.[107]

---

105 Ibid., 196.
106 Ibid., 199.
107 Ibid.

따라서 권력이란 보통 사람들이 그들의 일상의 실제를 규정하고 처리하는 방식이다. 모퉁이 빵집에서 크로아상 빵의 가격을 놓고 흥정을 벌이거나, 아파트 건물 앞의 주차 공간을 놓고 실랑이를 벌이는 등의 일상생활 … 따라서 권력은 일상적인 사회적 관계의 네트워크 속에 깊숙이 내재되어 있다. 그것은 이러한 관계들 밖에 존재하는 그 무엇이 아니라, 한 지역 안에서 벌어지는 "일상의 작은 계산들"로부터 발생하는 그 무엇이다.[108]

이런 종류의 권력은 항상 갈등, 저항, 대결, 투쟁의 가능성을 내포한다. 이것은 영화 "문스트럭"(Moonstruck)에 나오는 한 장면, 곧 이탈리아계 미국인 가족들이 식탁을 둘러싸고 벌이는 그들의 의례 속에서 보이는 것과 같은 권력이다. 의례는 실천이다. 즉 다른 사람들의 행동들에 대한 반응으로서 일어나는 행동들이다.

따라서 의례는 "특정 지역의 현실"이라는 세계를 육감과 경험에 의해 조직해 내는 하나의 모호한 방식, 그리하여 "**특정한 사회적 상황에 영향을 끼치는 특정한 권력의 관계**"들을 구축해 내는 하나의 모호한 방식이다.[109] 이러한 행동 방식은 "정치의 장"으로서의 몸이라는 푸코의 개념과 밀접하게 연관되어 있다. 이 점은 본 장의 앞부분에서 이미 언급하였다. 푸코는 이렇게 쓰고 있다.

---

108 Ibid., 200.
109 Ibid., 202.

권력 관계는 몸에 직접적 영향력을 행사한다. 권력 관계들은 몸에 옷을 입히고, 몸에 표식하며, 몸을 훈련하고, 몸을 고문하며, 몸으로 임무를 수행하도록 강요하고, 몸으로 예식을 수행하도록 강요하며, 또한 몸으로 신호를 보내라고 강요한다.[110]

혹은 벨이 말한 것처럼,

몸은 권력 관계의 가장 기초적이고 근본적인 단계, 즉 권력의 미시경제학의 미시물리학이다. 푸코는 의례화를 권력이 작동하는 핵심적 방식이라고 암시하는 듯하다. 그것은 몸의 정치적 테크놀로지(political technology)를 이루고 있다.[111]

따라서,

우리가 권력의 근본적 전략을 볼 수 있는 곳은 의례 속(in)이다. 이때 의례란, 다른 사람들의 행동에 따라 이루어지는 실천으로서의 의례, 권력의 사용에 따라 조직된 장 안에서 이루어지는 복잡한 전략들의 소리 없는 상호 작용으로서의 의례, 그리고 몸의 반복적인 움직임들이 지시된 대로 일어나는 장으

---

[110] Michel Foucault, *Discipline and Punish: The Birth of the Prison*, trans. Alan Sheridan (New York: Vintage Books, 1979), 25.

[111] Bell, *Ritual Theory, Ritual Practice*, 202.

로서의 의례, 곧 몸, 사람, 권력의 미시적 그리고 거시적 네트워크를 이루는 몸의 움직임이 지시된 대로 일어나는 장으로서의 의례를 말한다. 의례화에 있어서 권력이란 외부로부터 주어지는 힘이 아니다. 그것은 살아 있는 몸과 함께, 그리고 그 몸을 통해서 작동될 때에만 존재한다. 이때 몸이란 사회의 몸이며 동시에 사회적 몸이다. 의례화란, 사회적 몸이라는 장 안에서 일어나는 권력의, 그리고 지배와 저항의 전략적 작용(strategic play)이다.[112]

따라서 의례의 권력은, 고교회파 예배학자들이 우리가 믿기를 바라는 것보다 훨씬 더 지역적이고, 전략적이며, 잡다하고, 모호하며, 일상적이고, 가변적이며, 애매하고, 불확실하다.

그러나 만약 이것이 사실이라면, 의례적으로 표현된 종교적 권력은 어떻게 종교적 진리를 창출해 내는가(위에서 제기된 두 번째 질문)? 의례가 어떤 진리를 주창할 수 있는가?

이 질문은 의식들(rites)의 효율성이란 이를 사용하는 사람들과는 별개라고 주장하거나, 진리는 항상 수행을 초월하는 것이라고 주장함으로써 답을 하거나 무시할 수 있는 그런 질문이 아니다. 결국, 아사드가 지적하듯 "신실한 그리스도인들이라면, 현대 사회 속에서는 대단히 무력하게 보이는 혹은 부적절하게 보이는 '진실한'

---

112 Ibid., 204.

종교적 상징들의 존재에 대하여 분명코 무관심할 수만은 없다."[113]

의례의 효율성을 신학적으로 애써 옹호하는 것만으로 이런 상황에 적절히 대응할 수는 없다. 또한 목회자의 훌륭함이나 예배 참가자들의 의도와는 별도로 의식(rite)의 '객관적 효용성'이 존재한다고 호소함으로써 이런 상황에 적절히 대응할 수는 없다. 내가 앞에서 주장했듯이, 의례는 실천(practice)이다. 또한 실천의 담론(곧 실천인 담론)은 실천에 관한 담론, 즉 신학과 같은 것이 아니다.[114]

나아가, 그리스도교 역사는 진리를 위한 "모델"을 인정해 주는 임무를 수행했던 담론이 엄청나게 변해 왔다는 사실을 보여 준다.

> 우주론, 즉 체계적으로 재규정된 종교적 공간들에 근거한 담론들을 승인하는 여러 방식은 서구 사회의 역사에서 심오한 중요성을 지녀왔다. 중세 시대에 있어서 이런 담론들은 종교를 규정하고 창출해 내면서, 다음과 같이 광범위한 분야에 걸쳐 나타났다.
> "이교적" 수행들을 거부하거나 수용하기, 특정 기적들이나 유물들의 정통성을 인정하기, … 성지(聖地)로 지정하기, 성인들의 삶의 이야기를 편찬하여 진리를 위한 모델 혹은 진리의 모델로 삼기, 고해성사 담당 신부에게 죄에 물든 생각과 말과

---

113 Asad, "Anthropological Conceptions of Religion: Reflections on Geertz," in *Genealogies of Religion*, 242.
114 이 관점에 대해서는 Ibid., 243을 보라.

행동들을 정기적으로 고백하기, 참회하는 자에게 죄를 사해 주기, 대중적인 사회 운동들을 규칙을 준수하는 프란치스코파 수도회와 같은 수도회들로 제도화하거나, 그들을 이단으로 비난하기 등 … 중세 교회는 실천의 절대적 동일성을 확립하려고 시도하지는 않았다. 오히려 중세 교회는 차이, 단계, 예외 등을 명시하는 일에 늘 관심을 기울였다.[115]

다른 말로 하자면, 진리는 의례 실천의 엄격한 동일성에 의하여 인정받거나 보증되는 것이 아니었다. 오히려 진리는 다양한 실천들과 다양한 담론들이 지역적으로 중계된 앙상블로부터 나오는 것이었다. 이런 실천들과 담론들 가운데 어떤 것들은 공공연히 "이교적인" 그리고 별로 그리스도교화 되지 않은 것들이었고, 어떤 것들은 성례전적인 것들이었으며, 어떤 것들은 종교 의식을 위한 것들이었고, 어떤 것들은 재판에 관한 것들이었으며, 어떤 것들은 형벌에 관한 것들이었다. 이 모든 경쟁적인 담론들이 통틀어 중세 시대의 종교와 의례들을 구성하고 있었다.

따라서 역사적으로 볼 때, 인간이 가진 "무질서에 대한 깊은 두려움"에 대한 반응으로서 의례를 그리스도교 교회들이 주로 사용해 왔다고 주장할 수는 없다.[116] 의례는 혼돈에 대한 해독제가 아닐 뿐만 아니라, 때로는 혼동을 일으키는 경우가 있는 것이 사실

---

115 Ibid., 244.
116 Ibid., 246을 보라.

이다. 그리스도교의 중세 역사가 보여 주듯 지역에 따라 의례가 다양화되는 것은 일반적이고 또 널리 퍼진 일이었다. 그 의례의 변형들은 예외가 아닌 규범이었다. 그리고 이 변형들로 인하여 단선적 예배가 아닌 보다 풍요로운 "다성적(polyphonic) 의례"를 산출해 내게 되었다.

그 시대의 그 누구도 의례가 주장하는 진리가 절대적 동일성을 요구한다고 생각하지는 않았던 것 같다. 더욱이, 서구의 모든 그리스도교 세계에 단일한 의식(rite)을 권위적으로 부과하는 일은 활자 발명 이전 시대에는 생각조차 할 수 없는 일이었다.

중세 그리스도교는 꽃병에 물이 들어 있고 책 안에 글이 들어 있는 식으로 의례들 안에 의미와 진리가 들어 있는 것이 아니라는 사실을 직관적으로 이해하고 있었다. 바로 이것이 "의례가 작동되는 방식에는 자극-반응 모델이 해당되지 않는" 이유이다.[117] 기어츠가 제시하듯 종교 의례란 실제로 문화적 수행(performance)의 한 유형인데, 그러나 이것은 진리와 의미에 관한 주장이 문자 그대로 실천을 통해 실현되는 곳이다.

> 우리는 어떻게 이러한 일이 일어나는지를 이해하려고 한다면, 의례 자체만을 연구하는 것이 아니라, 훈련된 모든 행동의 전 범위 및 지식과 실천의 제도적 유형들의 전 범위를 연구해야 할 것이다. 그 안에서 자기가 형성되고 "신앙을 체득할 수

---

[117] Ibid., 249.

있는" 가능성이 드러나기 때문이다. 다시 말하자면 인류학자에게 있어서 "신앙"을 설명하는 일은 우선적으로 권위 있는 실천들과 담론들에 대한 의존을 서술하는 문제이어야 하고, 의례에 의하여 일어난다고 말해지는, 저 너머에 놓여 있는 정신 상태를 직관으로 알아내는 일은 아니어야 한다.[118]

의례는 종교적 특성들, 곧 신앙과 진리를 체현한다. 그러나 이때 그 체현은 일부 인류학자들 그리고 일부 예배학자들이 생각하는 것보다 훨씬 더 일상적이고 지역적이며 모호한 방식으로 일어난다. 종교 의례는 일종의 브리콜라주(bricolage)로서, 쉽게 사용할 수 있고 또 가까운 데 있는 것들을 함께 모아 이루어지는 행위이다.

"종교적 개념들이 규정한 의미의 틀 안으로, 그리고 의례가 끝난 후 다시 상식의 세계로 돌려보내는 의미의 틀" 안으로 참여자들을 손짓하여 부르는 것은 어떤 영웅적인 행위이거나 키에르케고르(Kierkegaard)식의 신앙적 도약은 아니다.[119] 의례의 모든 것은 상식적 세계의 그것이다. 그리스도교 예배는 거의 2천 년 동안 이 점을 고집스럽게 주장해 왔다. 그것은 침, 소금, 물, 기름, 빵, 포도주, 빛, 향기, 촉각, 맛, 냄새이다.

---

[118] Ibid.
[119] Clifford Geertz, *The Interpretation of Cultures* (New York: Basic Books, 1973), 122. 기어츠는 계속하여 다음과 같이 제시하고 있다. 이러한 의례적 도약의 결과는 "인간이 … 변화한다는 것이다. 또한 그가 변화하면서 상식적인 세계도 변화한다는 것이다. 왜냐하면 그것은 이제 세계를 바로잡고 완성하는 보다 넓은 실재(reality)의 부분적 형태로 보이기 때문이다."

따라서 의례란 종교와 일상 세계 둘 다에 있는 지식, 신앙, 사회생활 모두를 만들어 내는 모든 다른 실행들, 분야들, 특질들, 테크놀로지들, 구체화된 각인들(inscriptions)과 관계없는 진리의 근원이 아니다. 그리스도교 예배의 의례적 상징들은 바로 이 일상적인 세계에 거하고 있다. 진리에 대한 그것들의 접근은 어떤 다른 세계로의 도약을 요구하지 않는다. 만일 그렇다면 그 결과는 그리스도교가 아닌 **영지주의**, 다시 말해 진리는 그 권력이 다른 외부의 또는 상위의 문화, 또는 다른 세계에서 나오는 특권을 가진 관찰자들에 의해서만 알려질 수 있고 측정될 수 있다는 영지주의가 될 것이다.

요약건대, 종교와 의례야말로 바로 인간 문화의 산물인 것이다. 그러나 내가 종교와 의례를 인간의 문화로 "환원"시킬 수 있다고 말한 것은 아니라는 점을 주목하라. 의례가 진리를 주장할 수 있음은 바로 이 때문이다. 따라서 "교리와 실천들의 사회적 의미에 관한 … 혹은 상징들과 의례들의 심리적 효과에 관한 질문을 가지고" 종교에 접근하는 대신, 우리는 "특정한 종교적 실천들과 담론들의 존재에 필요한 역사적 조건들, 즉 운동들, 계급들, 제도들, 이념들"을 연구할 필요가 있다.[120]

달리 말하자면, 미셸 푸코와 캐서린 벨이라면 이런 질문을 던질 것이다. 즉,

"**권력**은 어떻게 종교를 창출해 내는가?

---

120 Asad, "Anthropological Conceptions of Religion: Reflections on Geertz," 252.

또한 권력은 어떻게 의례를 창출해 내는가?"

이 질문들은 "특정한 역사적 순간에 함께 나타나 특정한 종교적 담론들, 종교적 실천들, 가능한 종교적 공간들을 만들어 내는" 사회적 규칙들과 세력들을 신중하게 연구하는 것을 통해서만 답할 수 있다. 또 달리 말하자면, 우리는 각각의 역사적 문화와 사회가 어떻게 지식, 즉 종교와 의례 안에 체화되어 있는 지식과 진리를 포괄하는 지식을 산출해 내는지를 연구해야만 한다. 요컨대 그리스도교 언어학자들과 전문 인류학자들은 대화를 계속해야 한다.

모든 시대 모든 인간의 삶에는 종교가 의례처럼, 풍부하고도 다양한 원천들, 이 중 어떤 것들은 공식적으로 인정받은 것도 있고 다른 어떤 것들은 그렇지 못한 것도 있지만, 이 원천들로 함께 짜여 있다는 사실 때문에 그러하다. 이 앙상블 전체, 곧 이 분방하고 불안전한 잡담은 그 어떤 역사적 시대에서도 종교적 진리와 의례적 진리의 여러 담론을 구성한다.

중세의 신자들은 현대의 많은 신자와 마찬가지로 이 점을 이해하고 있었다. 마크 도티(Mark Doty)는 자신의 사랑스러운 글 "달콤한 마차"(Sweet Chariot)에서 그가 어떻게 두 개의 종교들 속에서 성장해 왔는지를 설명하고 있다.[121] 이 두 가지 종교 가운데 첫 번째이며 가장 오래 지속되었던 것은 이미지의 종교로서 그가 근본주의적 그리스도인이었던 그의 할머니로부터 배운 것이었다.

---

121 Mark Doty, "Sweet Chariot," in Brian Bouldrey, ed., *Wrestling with the Angel* (New York: Riverhead Books, 1995), 1-10.

(흔들의자에 앉으신) 할머니는 나를 무릎에 앉히시고 내내 흔들어주시며 성서 구절을 읽어 주시곤 하였다. 할머니가 읽어 주셨던 요한계시록의 내용을 내가 특별히 기억하고 있는지는 확실하지 않지만, 오늘날 나는 누군가가 "말세" 혹은 "묵시" 등의 표현을 언급하는 것을 들을 때마다, 할머니의 냄새, 라벤더와 페퍼민트 향, 깨끗한 낡은 옷의 냄새, 할머니 옷의 촉감, 성서의 인조가죽 표지와 반투명한 성서 용지들이 그런 말들과 함께 영원히 얽혀 있다고 느낀다. 할머니의 정수(essence)가 그 속에 가득 차 있다. 나에게 최초의 종교를 선물해 주신 분은 할머니셨다. …

그 종교는 이미지들의 종교였다. 그리고 그 이미지들은 성서 구절 속에서, 그리고 우리가 여름밤 앞뜰 그네 위에서 불렀던 노래 속에서 나에게 다가왔다. 그 이미지들은 우리를 집으로 데려다주는 달콤한 마차, 피로 변하는 달, 나팔을 부는 천사들, 그리하여 모든 죽은 자들이 손뼉을 치며 일어나는 그런 이미지들이었다.[122]

이 "흔들의자의 의례"는 종교가 어떻게 권력을 창출해 내고, 권력이 어떻게 종교를 창출해 내는지에 대한 완벽한 본보기이다. 그것은 엄숙하고 장엄한 예전(liturgy)에서나, 어느 여름날 저녁, 앞뜰 현관 앞, 사랑하는 할머니의 무릎 위에서나 똑같이 일어난다.

---

122 Ibid., 2.

왜냐하면 사회, 문화, 그리고 이들을 창출해 내는 인간들이 다성적인 것과 마찬가지로, 종교와 의례는 항상 그리고 피할 수 없이 다성적이기 때문이다.